ÉLOGE HISTORIQUE

DE

CHARLES PRAVAZ

LU A L'ASSOCIATION DES MÉDECINS DU RHÔNE,

DANS SA SÉANCE GÉNÉRALE ANNUELLE DU 18 MAI 1854,

PAR

LE Dr MUNARET,

MEMBRE DE PLUSIEURS ACADÉMIES, ETC.

LYON

IMPRIMERIE D'AIMÉ VINGTRINIER

Quai Saint-Antoine, 36

1854

Lyon. — Imprimerie d'Aimé VINGTRINIER, quai Saint-Antoine, 36.

Cet éloge n'est qu'un feuillet de plus à une grande histoire, — celle de l'art; — j'en ai compris toute la valeur relative, en l'écrivant avec un recueillement soutenu.

Une circonstance m'a servi, — sa lecture devant un public d'élite, avant de le livrer à l'impression; — j'ai profité des observations qui m'ont été indirectement adressées, pour qu'il fût plus digne de l'homme éminent dont la vie a été

L'accord d'un beau talent et d'un beau caractère.

On m'a reproché quelques redites; — j'en conviens et je me serais empressé de les faire disparaître, si je ne m'étais pas astreint à un ordre chronologique, dans l'exposition de travaux commencés, interrompus par d'autres et repris plus tard.

Dans un éloge académique, il m'eût été permis de

sacrifier la date à l'unité ; — mais l'histoire plus grave vous impose ses austérités, il faut s'y soumettre, — se *mortifier* au besoin, pour la vérité sainte...

Parlant de Pravaz, j'ai pu donner un cours plus libre mais non moins sincère à des impressions toutes personnelles, sans craindre cependant d'être démenti par ceux qui l'ont connu et qui me liront : la louange qui honore le plus un homme est celle qu'il ne peut entendre...

Il me reste à expliquer, — indépendamment des besoins du cœur, — le motif qui m'a fait entreprendre, par deux fois, une tâche aussi ardue que celle d'une biographie contemporaine. — Ma sympathie est aux natures prime-sautières ; — je m'y attache, quand j'ai le rare bonheur d'en rencontrer, en flânant dans le monde intellectuel ; — voilà comment j'ai connu Mayor et Pravaz..., et pourquoi j'ai essayé de les faire connaître.. *Omni tempore, diligit qui amicus est.* (V. 17. Prov. Salom.).

Brignais (près Lyon), le 15 juin 1854.

MUNARET.

ÉLOGE HISTORIQUE

DE

C.-G. PRAVAZ.

MESSIEURS,

Vous vous rappelez, sans doute, qu'à notre dernière assemblée générale le docteur Pravaz prit part, dans cette même enceinte, à la discussion de nos statuts. Hélas! un vent de mort a soufflé sur notre regrettable confrère, avant d'arriver à nous... et sa lampe, après avoir jeté une dernière et plus brillante lueur, s'est éteinte (1)... Quel homme excellent! quel médecin plus pénétré de ses devoirs professionnels,

(1) Pravaz fit connaître le perchlorure de fer, comme coagulateur du sang, un mois environ avant de mourir.

plus désintéressé, plus digne! Quel savant plus modeste, plus dévoué aux progrès de sa spécialité! — Que de génie, pour un siècle de contrefaçons!

Sa famille reste inconsolable; ses amis porteront longtemps le deuil du cœur, *extinctus amabitur idem*... et la science déplore la perte d'un de ses représentants les plus distingués.

Pravaz fut un des premiers qui honora de son adhésion notre projet d'association médicale, et tant qu'il put se transporter à Lyon, il partagea les travaux de la Commission générale dont il faisait partie. — A ces dernières circonstances, Messieurs, je dois l'honneur de vous communiquer quelques pages détachées d'une vie aussi pleine que pure; — l'amitié me les a fait écrire, vous serez indulgents.

Mais avant de vous rappeler l'homme par sa vie passée, le savant par des travaux qui ne passeront pas, j'ai besoin de vous communiquer quelques réflexions préliminaires.

D'après Huet, — l'homme qui a le plus lu, — tout ce qui fut jamais écrit depuis que le monde est monde, pourrait tenir dans neuf ou dix in-folio; — tout ce qu'il y a de bon, de vrai, en médecine, pourrait, suivant ce calcul, se résumer dans un petit volume in-12. — Vous en conviendrez, Messieurs, le contingent de la médecine, comme science, est bien modeste, dans cet inventaire des connaissances humaines; mais il a sa raison d'être dans son étendue et sa complexité: Hippocrate n'a-t-il pas établi qu'on ne pouvait connaître la nature du corps humain sans connaître la nature entière? et pour agir sur elle, nous ne possédons que deux instruments, tous deux fragiles, tous deux trompeurs, les sens et la raison, *experientia fallax... judicium difficile*.

L'interprétation des phénomènes biotiques, que dis-je? la simple mais fidèle observation des symptômes qui traduisent une maladie, m'étonne davantage que les chemins de fer, le télégraphe électrique, l'imprimerie à vapeur et la navigation à hélice... et si les sciences physico-chimiques, auxquelles nous devons ces agents certains d'affranchissement, de civilisation et de bien-être universel, se prévalaient de notre apparente mais sublime lenteur, nous aurions à leur opposer, comme exéquation, les conquêtes non moins merveilleuses de la chirurgie qui peut aujourd'hui modeler le limon pétri par la main de Dieu même...

Notre art est long, Messieurs, mais qu'on attende encore quelques années et en présence d'un homme REFAIT, pour ainsi dire, — piece par pièce, — Hamlet pourra dire avec plus de raison à son Horatio : « Il y a sur la terre, plus de choses que n'en a jamais inventé l'imagination des poètes... »

L'histoire de Pravaz est un des plus brillants épisodes de la prothèse chirurgicale moderne, par le nombre et l'importance des progrès qu'il lui a fait faire. — Doué d'un esprit éminemment judicieux et scrupuleusement observateur, il comprit à son début dans la carrière, qu'il n'aurait pas dans la main, ce *filum medicinale*, au moyen duquel Bacon a prétendu qu'on pouvait arriver jusqu'à la vérité. — Ses premières études en physique et en mécanique lui promettaient moins, mais ce *moins* était QUELQUE CHOSE, ce qui le détermina à les continuer, pour en faire l'application la plus utile à l'art de guérir.

On a donné à Pravaz le conseil de se défendre davantage contre son goût pour les hypothèses. — Dans le sens philosophique, notre confrère avait plus que du goût pour les hypothèses, j'ose ajouter qu'il en éprouvait le besoin et qu'il devait y céder... Ne faut-il pas quelquefois, Messieurs, suivre un long corridor obscur, pour arriver à une fenêtre, d'où l'on pourra jouir d'un rayon de soleil? — Il appartient à l'EXPÉRIMENTATEUR RATIONNEL de s'engager dans ce *long et obscur corridor* de l'inconnu, d'arriver jusqu'à la *fenêtre* et de voir!... « Il n'agit pas au hasard, dit M. Humbold, il est guidé par des hypothèses qu'il s'est formées, par un pressentiment à demi instinctif et plus ou moins juste de la liaison des choses ou des formes de la nature. » (*Cosmos*, tom. I, p. 72.)

Riche d'anatomie et de physiologie, Pravaz a pu, plus heureusement que ses devanciers, combiner ce pressentiment intuitif des choses avec l'induction expérimentale, et grâce à cette connaissance approfondie des lois de l'organisme, à son habitude de l'analyse et de la généralisation, l'art de guérir lui est redevable de perfectionnements nombreux, de découvertes précieuses, formulés dans ses ouvrages ou réalisés par ses appareils.

Charles-Gabriel Pravaz naquit le **24** mars **1791**, au Pont-de-Beauvoisin, petite ville du département de l'Isère, sur les frontières de la Savoie. Son père, Guillaume Pravaz, était docteur en médecine et exerçait son art, entouré de la confiance et de la considération de tout le pays.

La médecine rurale a cette prérogative, qu'en vieillissant avec ses clients, le praticien y gagne une prépondérance toute paternelle; n'a-t-il pas conduit le plus loin possible la génération qui s'en va et ouvert les portes de la vie à celle qui vient? — Chaque famille est donc un souvenir vivant de son savoir, de son dévoûment, de sa charité et l'on bénit longtemps sa mémoire, pendant les veillées d'hiver; tandis qu'à la ville, son confrère ne peut laisser après lui qu'un peu de fortune qui s'éparpille, et un peu de cette fumée qu'on appelle de la gloire... Voilà tout, et pour nous, Messieurs, ce n'est pas assez.

La mère de Pravaz, Élisabeth Montfalcon, appartenait à la bourgeoisie de la même ville; à ce titre elle fut, comme son mari, frappée par la loi des suspects et tous deux, avec leur petit Charles, emprisonnés au couvent de Sainte-Marie-d'en-Haut, à Grenoble. — Toute sa vie, notre confrère a conservé ses premières et lugubres impressions de la terreur et de sa captivité ; sa pétulance du premier âge qui charmait les nombreux prisonniers de Sainte-Marie dut, comme la fleur qui manque d'air et de soleil, replier ses pétales, et de bonne heure il contracta cet air sérieux, cette habitude de la réflexion qu'il sut utiliser, plus tard, au profit de l'humanité.

Ses parents ayant obtenu leur mise en liberté, Charles Pravaz passa la plus grande partie de son enfance à la campagne, auprès de M. Montfalcon, son aïeul maternel. Mais à peine sut-il lire et écrire qu'on le fit revenir au Pont-de-Beauvoisin, pour être initié, par son père, à l'étude de la langue latine. — Ce furent des ouvrages de médecine qui lui tinrent lieu d'auteurs classiques et il est probable que des études ainsi dirigées exercèrent une influence sur sa vocation.

De 1801 à 1805, son instruction ainsi que celle de son frère fut successivement confiée à deux oncles, l'un, ancien moine bénédictin, et l'autre, le père Pravaz, ex-Jésuite. Sous des maîtres aussi capables, les deux frères firent des progrès rapides ; leur émulation habilement conduite ne fit que resserrer leur intimité ; ils entrèrent ensuite au petit séminaire de Chambéry, et, à dater de cette époque, Charles Pravaz conquit le premier rang et le conserva dans toutes ses classes ; il commença l'étude de la philosophie sous M. Billet, aujourd'hui archevêque de cette ville, et la termina sous M. Guillet, auteur d'une *Histoire de la Savoie* qui n'est pas sans mérite.

En 1809, Charles Pravaz se rendit à Grenoble pour y suivre un cours spécial de mathématiques, et dès ce moment il manifesta ce goût qu'il a conservé jusqu'à la fin pour les études sérieuses ; ce fut sans doute pour échapper aux trop nombreuses tentations de se dissiper qui s'offrent à un jeune homme dans une grande ville, qu'il loua, à l'insu de ses camarades, un petit logement dans la banlieue où il vivait, seul avec ses livres, comme Pline le jeune retiré dans sa petite villa de Laurentia (*mecum tantum et cum libellis loquor*).

Ses études terminées et encore indécis sur le choix de la carrière qu'il devait embrasser, Pravaz accepta provisoirement la chaire de régent de mathématiques au collége du Pont-de-Beauvoisin; il avait une aptitude extraordinaire pour cet enseignement; mais la protection promise par le général Dode de La Brunerie, son parent, le détermina à s'engager dans le 4e régiment du génie : il partit pour l'école régimentaire de Metz, où il continua ses études de mathématiques, tout en s'occupant activement des détails les plus minutieux de son service. — Une pensée d'avenir le dirigeait, il voulait se présenter à l'examen pour l'école Polytechnique, lorsqu'un arrêté ministériel vint suspendre le privilége dont avaient joui jusqu'alors les militaires jugés capables; — avec l'espoir que le succès justifierait la hardiesse de ses démarches, Pravaz demanda une permission d'absence pour quelques jours, partit pour Orléans, où il fut admis à l'examen et reçu dans un rang honorable.

C'était en 1814. — Les armées alliées attaquèrent Paris, et vous savez, Messieurs, que le bataillon de l'école fit une glorieuse résistance à la barrière du Trône; sans autre arme, qu'un mauvais sabre, Pravaz lutta avec succès contre un lancier ennemi. — Ce fait a été consigné dans ses états de service.

Après l'abdication de Fontainebleau, il voulut reprendre ses études interrompues; mais à la fin de 1815, n'ayant en perspective qu'un avancement tardif et douteux, il donna sa démission et rentra dans sa famille.

Cette inaction si contraire à sa nature devait être de courte durée; il passait une bonne partie de ses journées dans le cabinet de son père; là, sur les mêmes rayons, il retrouva ses vieux amis d'enfance, avec lesquels il avait appris la langue de Cicéron et aperçu le génie d'Hippocrate; il les relut cette fois pour les comprendre et les comprit si bien, qu'il se décida à retourner à Paris, avec le projet sérieusement arrêté d'étudier la médecine et de donner, en même temps, des leçons de mathématiques pour se créer les ressources dont il était incomplètement pourvu.

Pravaz éprouva une profonde douleur, en perdant sa mère encore jeune, atteinte d'une phthysie laryngée qui marcha impitoyablement vers une terminaison fatale, malgré les efforts les mieux concertés de l'art de guérir. — Cette désolante insuffisance aurait ébranlé une foi vulgaire; loin de là, notre confrère reprit ce problème de pathologie où ses devanciers l'avaient laissé et il en fit le sujet de sa dissertation inaugurale, sous ce titre : *Recherches pour servir à l'histoire de la phthysie laryngée*, etc.

Cette thèse fut la plus remarquable de toutes celles qui furent présentées et soutenues, pendant l'année 1824, à la Faculté de Paris; dans son *Traité* sur la même maladie, le professeur Trousseau l'a citée plusieurs fois et avec éloge.

La phthysie laryngée! l'avouerai-je? — Elle n'est encore pour les descendants d'Asclépiade, qu'une *Méditation sur la mort*.... et cependant, nous l'étudions, depuis Galien et Aetius; son étiologie nous paraît complète, son diagnostic simple et même différentiel n'offre plus de difficultés au médecin qui l'observe pour la première fois; ses symptômes, ses désordres nécroscopiques, tout est soigneusement décrit; quelle est donc la cause de sa lethalité presque inévitable?

Louons Pravaz d'avoir essayé de nous l'expliquer et de nous persuader que les chances de guérison sont loin d'être aussi faibles qu'on le croit ordinairement, en publiant, à l'appui, quelques cas heureux ; il en déduisit les règles suivantes de thérapeutique.

Dans la laryngite aïgue comme dans la chronique, les antiphlogistiques et les révulsifs généraux sont évidemment inefficaces.

Le mercure, au contraire, administré en frictions et à dose assez élevée, paraît exercer sur cette maladie une influence heureuse, par voie de révulsion, au moyen de l'irritation *spécifique* produite sur les sécréteurs de la salive : « Le voisinage de l'organe enflammé, dit-il, peut être une chaîne sympathique qui unirait les parotides au larynx par l'intermédiaire des organes génitaux et me paraît une raison suffisante de ce phénomène. »

Reçu docteur en médecine, Pravaz s'installa dans un modeste appartement du *quartier Latin*, et, en attendant la clientèle dans son cabinet, c'est-à-dire, ne l'attendant guère, il reprit ses études de prédilection, avec ce besoin d'approfondir auquel il a dû plus tard tous ses succès.

L'ingénieux Wollaston venait d'insérer, dans les *Transactions philosophiques*, un Mémoire sur une altération particulière de la vue, qu'il essaya d'expliquer par un entrecroisement partiel des nerfs optiques.

L'hypothèse de la *semi-décussation* parut à Pravaz susceptible d'un degré de probabilité plus grand que celui qu'elle pouvait tirer d'un seul ordre de faits pathologiques et avec le but de démontrer que d'autres aberrations du même organe, restées encore sans explication, pouvaient s'interpréter facilement par cette même hypothèse ; il publia, quelques mois après, dans les *Archives générales de médecine*, une série d'articles, qu'il intitula : *Considérations sur quelques anomalies de la vision.*

Cette singulière anomalie de la vue, qu'on nomme *hémiopie*, n'était pas plus nouvelle que l'hypothèse avec laquelle le physicien anglais voulut l'expliquer : Newton, Haller, Portal, Gall et Abraham Vater avaient déjà fondé cette opinion sur des faits pathologiques ; mais la preuve la plus directe manquait, celle de la dissection ; elle manque encore aujourd'hui...

D'après Pravaz, la seule raison plausible qu'on puisse donner de la similitude des impressions visuelles réside dans une *certaine combinaison des parties de l'organisme*, conforme à l'opinion de Gall et Spurzheim, sur l'origine des nerfs optiques, et il a cherché comment il peut arriver que la vision devienne multiple, avec des raisonnements très-habilement déduits de la physiologie et de l'anatomie oculaire, avec des expériences qui lui étaient personnelles et qui m'ont paru plus rigoureuses que celles précédemment instituées par Poterfield et Young, avec l'instrument désigné sous le nom d'*optomètre*.

Mais il faut lire plutôt que compter toutes les preuves accumulées dans ce riche Mémoire, pour établir que la variation du foyer oculaire est dépendante de trois circonstances simultanées, savoir, du changement de courbure de la cornée, des mouvements du cristallin et de l'altération de sa forme.

Quelques opinions peu probables sur les causes du strabisme circulaient à l'époque où Pravaz travaillait encore à son Mémoire ; il crut devoir les discuter, sans sortir de son sujet, attendu que le strabisme accidentel est momentanément accompagné de diplopie, dans sa première période ; c'est encore l'anatomie et la physiologie qui lui suggérèrent les motifs d'une réfutation assez solide pour subsister encore intacte et respectée par les progrès peut-être trop incessants de notre oculistique moderne.

En 1825, notre confrère fut nommé médecin de l'asile royal de la Providence, hospice des vieillards, et il en continua le service, pendant dix années, c'est-à-dire, jusqu'à son départ de Paris, avec cette ponctualité consciencieuse qu'il ne cessa d'apporter dans l'accomplissement de ses autres devoirs. — Dans le cours de la même année, il épousa Mlle Gambès, dont l'aïeule maternelle dirigeait, — à Paris, — une des premières institutions de demoiselles. — Une circonstance aussi fortuite devait décider et fixer la spécialité de Pravaz.

A cette époque, Messieurs, une nouvelle branche de l'art, — l'orthopédie, — importée d'Allemagne, n'était pratiquée que par quelques adeptes et avec un certain mystère. — La mode abrita le traitement nouveau sous son éventail et il y eut beaucoup de jeunes personnes, dont l'imagination fut assez *déviée* pour croire à la nécessité de toucher à ces machines toutes plus inutilement ingénieuses les unes que les autres. — Pravaz fut consulté sur l'opportunité de ce traitement, pour quelques élèves du pensionnat Gambès ; il voulut, avant d'émettre un avis, étudier la méthode et ses procédés. — La méthode fut soumise aux exigeances de l'organisme vivant, aux lois imprescriptibles de l'anatomie et de la physiologie ; les procédés subirent le contrôle d'une mécanique plus chirurgicale, et, après de longues recherches, faites surtout dans les auteurs anglais qui inclinaient vers une plus grande simplicité des machines, il reconnut et déclara que si l'idée était originellement bonne, ses applications étaient défectueuses, dangereuses même.

Pravaz fit, avec une réussite tellement remarquable, ses premiers essais de perfectionnement, dans le pensionnat en question, qu'on lui suggéra le projet d'en faire un établissement orthopédique, où, malgré les efforts d'une concurrence en émoi, les malades affluèrent bientôt, d'après les conseils des premiers praticiens de la capitale, que la lecture du Mémoire que je vais analyser, avait gagnés à la cause du progrès.

Cette première publication, relative à l'orthopédie, parut en 1827 ; elle a pour titre : *Méthode nouvelle pour le traitement des déviations de la colonne vertébrale.*

L'on procède au hazard dans le traitement d'une maladie, si l'on ne connaît parfaitement la constitution de l'organe affecté, et souvent avec péril, si l'on ne sait distinguer les cas où l'art du médecin est de s'abstenir. (Page 8.)

Aussi, Messieurs, avant d'exposer sa méthode, Pravaz rappelle les principales circonstances de la structure de la colonne vertébrale, en faisant remarquer plus particulièrement celles qui ont un rapport prochain avec les inflexions vicieuses qu'elle peut contracter et qui servent à les expliquer. — Il esquisse les symptômes qui accompagnent et distinguent les déviations produites par la carie des vertèbres ou par leur ramollissement pathologique, déjà décrites par Pott, Wilson et Boyer; mais il insiste sur celles qui, déterminées primitivement par des causes dynamiques, paraissent admettre la puissance de certaines machines, ou seulement l'influence d'une attitude.

Toutes les causes dynamiques des déviations, d'après Pravaz, remontent à l'inégale distribution des puissances qui agissent habituellement sur la colonne vertébrale. — Ainsi, l'exercice d'un art, d'une profession qui exige la continuité d'une même attitude, — station debout ou assise, etc., — amène une altération correspondante dans les formes du corps.

La solution que donne notre ingénieux orthopédiste, de

tous ces problèmes de statique animale, m'a paru la plus satisfaisante, en supposant que la pression constamment exercée sur certains points de la surface des vertèbres, et sur les coussins ligamenteux qui les séparent, y rend moins active la nutrition, pendant que les autres parties reçoivent la même proportion de matériaux alibiles.

De cette supposition physiologiquement présentée, l'auteur déduit l'étiologie des déviations latérales de l'épine, de l'inégalité des membres abdominaux et d'autres troubles fonctionnels de l'économie qui les accompagnent.

Tout appareil mécanique appliqué au redressement du corps humain, doit être simple dans sa construction, facilement appréciable dans ses effets immédiats et surtout agir suivant le mode qui est le plus en rapport avec les propriétés des tissus organiques. — En regard de toutes ces conditions qu'une pratique rationnelle est en droit d'exiger d'une machine orthopédique, il faut en conclure, avec Pravaz, que l'extension continue, soit en suspendant par la tête les malades, soit en les condamnant au décubitus sur un plan incliné, soit en les couchant sur les lits de Heine et Maisonabe ; — que l'extension périodique de Lafond ; — qu'enfin, l'extension verticale de Levacher, le collier de Chesher, et la machine même de Delacroix, sont des moyens anti-physiologiques, d'une efficacité plus ou moins durable et d'une application toujours dangereuse, si elle est insistante.

Mieux inspiré par les sages préceptes qu'Andry a consignés dans son ouvrage sur les difformités du corps humain et par les excellentes vues de Portal sur la nature et le traitement du rachitisme, notre confrère ne voulut pas emprunter uniquement à la mécanique morte les moyens qui pouvaient ramener à sa régularité une machine animée, et, pour remédier à toutes les déviations de son grand axe, il voulut la mettre en jeu, suivant un rhythme déterminé par chaque cas particulier, avec le secours d'exercices gymnastiques d'élection.

Mais les exercices les plus efficaces sont peu conformes à nos idées de décence extérieure, et, pour y suppléer, il a proposé une machine à mouvements oscillatoires, dont il démontre l'entière supériorité sur le *tremplin* de M. Delacroix et le plan mobile du docteur Shaw.

L'extension continue, d'après sa méthode, ne doit être admise que comme moyen accessoire; son emploi, borné à quelques heures de la nuit et sagement réglé, pourra seconder l'heureuse influence de la gymnastique.

Ce Mémoire produisit une sensation prolongée dans le monde chirurgical et il restera, Messieurs, comme le premier titre à la gloire de Pravaz, car il a (selon l'expression de G. Patin) DÉCHARLATANÉ l'orthopédie.

Le professeur Delpech avait monté, à grands frais, un somptueux et vaste établissement à Montpellier, et il publia, quelques mois après ce Mémoire, son TRAITÉ D'ORTHOMORPHIE dans lequel il manqua sciemment d'équité scientifique, en lui *empruntant* ses meilleures idées spéculatives ou pratiques. — La réclamation du volé est toute confite de malice : « Je dois me féliciter, dit Pravaz, de ce que les considérations répandues dans mon opuscule, aient paru d'une telle justesse à M. Delpech, que, s'identifiant avec elles, il ait fini par les regarder comme sa propriété. »

En même temps, M. Bouvier le critiquait, avec une sévérité presque pédagogique, dans les *Archives générales de médecine* ; — ce fut dans le même journal que Pravaz crut devoir répondre à des observations dont la justesse n'était pas évidente pour lui.

Un second Mémoire sur l'orthopédie parut, en **1829**, et cette fois, ce fut pour disloquer toutes les machines préconisées *à priori*, devant l'Académie royale de médecine et démontrer mathématiquement à leurs constructeurs qu'ils n'étaient que de maladroits et dangereux plagiaires de l'idée de Venel, — ce modeste praticien de campagne qui, le premier, dans un coin de la Suisse, avait tenté l'extension horizontale comme moyen d'obtenir le redressement des courbures vicieuses du rachis.

Une autre idée, — émise par le docteur Shaw, — avait guidé notre confrère, pour édifier un traitement plus rationnel; elle consistait à transformer le frottement qui est un obstacle dans les appareils ordinaires, en un moyen d'appliquer les puissances extensives d'une manière plus favorable, et propre à les faire agir avec plus d'efficacité.

Des appareils extenseurs perfectionnés sont décrits avec soin, dans ce Mémoire, et furent confiés à l'examen d'une première commission académique, composée de MM. Bricheteau, Itard et Thillaye. — Ces éminents praticiens ne se bornèrent pas à analyser le mécanisme de ces instruments, ils interrogèrent surtout l'expérience, en visitant plusieurs fois les malades qui étaient soumis à leurs efforts, en consultant leurs sensations diverses, en vérifiant les redressements obtenus, et en constatant, avec non moins d'intérêt, que le système musculaire y gagnait toujours, — et la santé générale, souvent.

Un rapport des plus favorables approuva cette méthode comme la plus conforme aux données mécaniques et physiologiques; il n'y eut prétexte qu'à une seule objection, la longueur du traitement. — Pravaz lui fit cette très-sage réponse :

« Je n'attache qu'une médiocre importance à quelques mois de plus ou de moins dans la durée du traitement des déviations de l'épine, parce que l'essentiel en ce point n'est pas de faire vite, mais de faire SUREMENT et avec le MOINS DE DOULEUR pour les malades. »

D'autres perfectionnements nécessitèrent une nouvelle commission, composée de MM. Double, Itard, Husson, le baron Dubois et Bricheteau ; son rapport, encore plus favorable que le premier, augmenta et porta au loin la réputation de notre confrère. — Voulant faire entrer son établissement dans une voie plus large, il fonda avec M. Jules Guérin, l'institut orthopédique du château de la Muette, à Passy, dont une succursale fut établie à Lyon.

Mais une entente complète, dans les choses de science, est plus difficile qu'une association simplement commerciale, où l'intérêt est seulement en cause et domine autocratiquement le cœur et l'esprit ; — chacun, en effet, veut suivre le cours plus ou moins systématique de ses idées et les faire accepter, dans un établissement commun, avec l'espoir d'y attacher son nom et d'y gagner la préséance...

Un poète l'a dit, Messieurs, et d'une bouche menteuse s'échappent quelquefois de bonnes vérités :

> Être peu dans Paris, c'est n'être rien du tout
> Et, sans un piédestal, nul n'y semble debout.

Pravaz, trop absorbé par l'étude, fit un peu tard, une décevante découverte, — il était menacé de n'être qu'un *bas-relief* de ce piédestal, — et ce fut à regret qu'il se décida à venir à Lyon, pour y diriger la succursale qui était à sa naissance. — Cette dissolution de société fut pour lui un événement heureux ; il recouvra la liberté nécessaire pour donner un libre cours à son génie inventif, et avant de mourir, il en avait fait le premier établissement de France.

Sur le versant du coteau de Sainte-Foy, aux bords de la Saône tant célébrée et à trois kilomètres seulement de la grande ville est situé l'Institut orthopédique et pneumatique; — était-il possible de trouver une position plus hygiénique, un site plus riant? — C'est dans son voisinage que J.-J. Rousseau, l'homme qui avait un sentiment si exquis de la nature, avait choisi un lit, *dont le ciel était formé par les têtes des arbres*. « Mon sommeil fut doux, dit-il, mon réveil le fut davantage; il était grand jour; mes yeux, en s'ouvrant, virent l'eau, la verdure, un paysage admirable. »

Oui, Messieurs, le paysage est ADMIRABLE; mais il faut se placer sur la terrasse de la maison Pravaz, pour en jouir entièrement. — A votre gauche, c'est le magnifique hémycicle des *Étroits* qui n'a rien de comparable en France; — au bout, c'est Lyon, avec ses clochers, ses dômes, ses ponts qui se profilent en fines silhouettes; — devant vous, la presqu'île de Perrache, cette langue de terre et de feu qui semble s'éteindre entre deux grands fleuves; — par de là, le Rhône, les riches plaines du Dauphiné et sur le dernier plan, — les Alpes, — dont l'immobile majesté paraît contraster avec tout ce qu'il y a de vie et de mouvement humain dans ce panorama grandiose...

L'établissement Pravaz peut invoquer des souvenirs historiques: ce fut d'abord la maison de campagne d'un sculpteur lyonnais; Jean Thierry y vécut ses plus belles années, à l'ombre de ses grands arbres aux cîmes touffues;—plus tard, notre bibliophile Léon Cailhava avait choisi cette fraîche retraite de *Fontanières* où il se plaisait à commenter son Horace...

Notre confrère acquit de ce dernier et fit construire, à côté de l'ancienne résidence, un autre corps de bâtiment à l'italienne, dont l'élégante et commode disposition devait compléter les dépendances exigées pour un établissement modèle.

Dans un enclos naturellement accidenté, ombreux et sillonné de sentiers propices à la promenade, se trouvent, disposés de la manière la plus pittoresque, un pavillon-appareil pour les bains d'air comprimé, dont je vous entretiendrai bientôt et une piscine pour les bains d'eau de mer artificielle, chauffée par des conduits souterrains qui correspondent à la machine à vapeur de l'établissement.

Le rez-de-chaussée du bâtiment neuf est disposé pour les exercices organo-plastiques; — c'est dans cette grande et belle salle qu'on trouve tous les appareils imaginés ou perfectionnés par le génie de ces lieux et qui semblent se mouvoir d'eux-mêmes, comme les trépieds de Vulcain.

Cette description, *de locis et aquis*, est bien incomplète; dans certaines familles, Messieurs, la modestie est une qualité héréditaire, mais nous vous dédommagerons de cette lacune, en reprenant l'appréciation des travaux de Pravaz où je l'avais laissée.

En pleine activité de ses appareils, auxquels il avait ajouté des améliorations mécaniques et associé la gymnastique, pour développer l'action musculaire en même temps qu'il la dirigeait, — Pravaz tenait à convaincre l'Académie de médecine que ses premiers suffrages n'avaient été qu'un encouragement à s'en rendre plus digne, et il lui fit hommage d'un autre Mémoire sur la somascétique dans ses rapports avec l'orthopédie, qui obtint l'honneur d'être reproduit dans ses Mémoires (t. III, pages 69-89).

Guidé toujours par les ouvrages du docteur Shaw et par les premiers essais de Levacher et de Portal, l'auteur admet, en principe, qu'il faut absolument concilier l'action des machines extensives avec la faculté des mouvements spontanés. — Les exercices les plus simples et les moins périlleux sont, en général, ceux qui conviennent le mieux dans les cas de déviation de l'épine.

Il faut y ajouter la natation dont il rappelle la raison statique des avantages; — son char à deux divisions; — la descente et la montée d'un plan incliné (*montagne russe*) à l'aide d'un autre char à manivelles; — sa balançoire orthopédique, qui peut également concourir au traitement des pieds-bots, avec de légères modifications; — la progression à l'aide des pieds et des mains sur deux câbles parallèlement tendus et inclinés à l'horizon, etc. — Tous ces exercices musculaires soulagent l'épine de la plus grande partie du poids des organes, et s'exécutent dans des conditions où cet axe dévié se trouve rapproché de sa direction naturelle. — Dans leur choix, au surplus, Pravaz voulut remplir ces trois principales indications de l'orthomorphie, 1° modifier profondément la constitution générale des sujets; 2° ramener les parties du système osseux à leur disposition normale par l'emploi temporaire et gradué d'une force prise hors de l'organisme; 3° les maintenir dans cet état par le développement régulier et la corroboration du système.

A présent, Messieurs, voulez-vous une preuve de la différence radicale qui existe entre ces procédés et ceux des autres orthopédistes? — La voici. — La menstruation s'établit avec facilité pendant le temps où les malades sont soumises à l'extension continue sur des appareils immobiles, tandis qu'elle se supprime, si elle a déjà paru pendant la durée du traitement *mobilisé*. — Or, ce fait physiologique de la plus haute importance, s'explique par un phénomène concomitant, savoir : le développement considérable que prend le système musculaire par un surcroît d'action : il faut, dit Pravaz, qu'une sorte de dérivation du flux menstruel se fasse au profit de la nutrition et, par conséquent, des forces de la santé momentanément affranchie de cette puissante cause de débilitation.

En effet, après l'entier développement du corps, les règles, d'après son observation et celles de Delpech, se rétablissent sans provocation artificielle.

Autre remarque sur l'influence dérivative de l'exercice musculaire : une longue inaction sur des appareils immobiles tend directement à exagérer l'exaltation du système nerveux, chez les sujets grêles et étiolés, à exciter même la matrice, jusqu'à production de symptômes hystériques et d'habitudes dangereuses.

La combinaison *simultanée* de la somascétique et de l'extension passive, en concentrant sur le système locomoteur une grande partie des forces de l'organisme, pare à tous ces inconvénients.

Sur la demande de Pravaz, l'Académie nomma une nouvelle Commission pour examiner quelques-uns des sujets soumis à sa méthode, et ce fut encore l'occasion d'un rapport non moins favorable que les précédents.

Encouragé de plus en plus par l'honorable distinction que l'Académie avait accordée à son dernier travail sur la somascétique, en le faisant insérer dans ses Mémoires, Pravaz lui en adressa un autre sur de nouveaux moyens de rétablir la régularité du thorax dans les cas de déviation latérale du rachis, qui fut accueilli avec non moins de faveur et admis à la même publicité (t. IV, p. 201-214).

Dans cette note, il voulut appeler plus particulièrement l'attention des médecins sur les pressions latérales exercées sur la convexité de chaque inflexion de l'axe vertébral, sans lesquelles il avait démontré anatomiquement qu'on ne pouvait pas espérer de rétablir la symétrie du thorax. — L'application pratique de ce moyen n'était pas aussi facile que son indication théorique. — Bampfield avait conseillé de faire coucher les sujets affectés de déviations latérales sur le côté correspondant à la gibbosité dorsale, en garnissant vers ce point le plan de sustentation d'un coussin assez résistant pour forcer l'épine à se courber en sens inverse de l'inflexion vicieuse qu'elle présente. — Cette indication parut aussi rationnelle que simple à l'auteur du Mémoire, et, pour en augmenter l'utilité, il imagina un appareil qui se compose d'un cadre en bois, décrivant sur ses côtés une courbe à inflexions semblables à celles que l'épine présente dans la plupart des déviations latérales. — Des sangles tendues sur ses bords donnent une surface sinueuse sur laquelle les sujets se placent de côté en faisant correspondre à la convexité dorsale une des convexités de la surface, et à la concavité lombaire une dépression du fonds sanglé. — Dans cette disposition, les inflexions latérales de l'épine s'effacent, et les côtes proéminentes sont refoulées d'arrière en avant.

Rien de plus ingénieusement varié que l'application de cet appareil, suivant que son inventeur voulait en faire un lit de repos ou un moyen de gymnastique orthopédique.

Un travailleur comme Pravaz pouvait faire marcher de front plusieurs sujets d'étude ; cette diversité d'occupations soulageait son cerveau fatigué, et lui fournissait un moyen de se distraire sans cesser d'apprendre. — Par exemple, avait-il aligné quelques équations d'algèbre? il quittait son cabinet pour sa forge; de là, il poussait jusqu'à son atelier de menuiserie, ou encore, il s'enfermait, avec délices, dans son petit laboratoire de chimie pour manipuler, analyser, ou expérimenter l'électricité sur l'homme sain ou malade. — Ouvrez le *Dictionnaire de médecine*, et à l'article *anévrysme* vous lirez : « On a imaginé de provoquer la coagulation du sang dans le sac à l'aide de l'électricité qui y serait transmise par des aiguilles. Cette idée, qui est due à M. Pravaz, n'a point encore été mise à exécution. »

Dans une brochure contemporaine de Lisfranc, l'appréciation d'une idée aussi ingénieuse, aussi riche d'avenir, est plus explicite : « M. Pravaz, dit l'illustre chirurgien de la Pitié, a proposé d'unir le galvanisme à l'acupuncture; on sait, depuis Scudamor, avec quelle facilité un courant électrique détermine la coagulation du sang. MM. Pravaz et Guérard ouvrirent l'aorte d'un lapin pour reconnaître quelle influence le galvanisme aurait sur l'hémorrhagie. Le sang jaillit à flots ; mais en approchant de l'orifice du vaisseau les conducteurs galvaniques, un caillot brunâtre se formait aussitôt et suspendait pour un moment l'écoulement sanguin (1). »

Lisfranc ajoute les réflexions suivantes qui se recommandent à notre attention par leur actualité : « Le galvanisme, communiqué à l'aide d'aiguilles, au sang qui remplit une tumeur anévrysmale, aurait-il, en effet, la puissance de le convertir en caillots? Rien ne serait plus simple assurément que de porter dans la tumeur des aiguilles très-déliées, dont la piqûre causerait d'autant moins d'accidents qu'on pourrait les retirer presque aussitôt; il ne faudrait pas rejeter absolument un moyen qui offre de si séduisantes ESPÉRANCES..... »

Non, certes, il ne fallait pas rejeter un moyen si simple, quand il s'agissait de le substituer à une opération difficile ; — un procédé si prompt et si peu douloureux, en regard d'une dissection de chairs horriblement palpitantes et dont l'issue est toujours douteuse, quelquefois mortelle...

(1) *Des diverses méthodes et des différents procédés pour l'oblitération des artères dans le traitement des anévrysmes ; de leurs avantages et de leurs inconvénients respectifs ;* par J. Lisfranc. Paris, 1834, p. 34.

Des expériences analogues et nombreuses attestent, en effet, qu'il est peu de questions qui aient, à un si haut degré que celle des hémostatiques, le privilége de capter l'attention des chirurgiens. — Pravaz en fut préoccupé le restant de sa vie, et s'il n'osa pas répéter ses premières expérimentations sur l'espèce humaine, il faut l'imputer à cet excès de prudence dont les hommes le plus profondément instruits se rendent coupables, car il s'adressa aux agents chimiques pour obtenir plus tard la coagulation du sang. — Ainsi donc, Messieurs, l'IDÉE de la galvano-puncture appliquée au traitement des tumeurs sanguines, appartient à Pravaz ; mais il est de toute équité de proclamer, en cette solennelle circonstance, que l'honneur d'en avoir institué la méthode et réglé le procédé opératoire revient à l'un de nos plus savants confrères, M. Pétrequin.

Pravaz expérimenta également l'électricité pour neutraliser le virus rabique, et il réussit chez plusieurs chiens. — Était-ce rationnel, parce que le même succès n'avait pas été obtenu, une première fois, sur l'homme, de renoncer à un modificateur aussi puissant de l'innervation? — L'incurabilité persistante d'un mal aussi redoutable autorisait, et même commandait de ne pas s'arrêter à cet essai, de combiner au besoin l'application de la galvano-puncture avec d'autres agents de la thérapeutique, jusqu'à preuve suffisante de son impuissance.

L'Académie royale de Médecine le comprit, et elle proposa, pour sujet de prix à décerner en 1829, l'examen des moyens mécaniques qui pouvaient être opposés à l'absorption des virus. — Pravaz crut devoir publier le résultat de ses recherches dans le *Journal hebdomadaire de médecine ;* on ignore les motifs qui le déterminèrent à devancer l'époque du concours, et surtout à renoncer aux chances de succès qu'il pouvait lui offrir.

Deux ordres de moyens lui paraissent indiqués pour prévenir les effets de l'insertion des virus : le premier consiste à enlever directement la matière contagieuse de la surface vivante ; le second s'applique à désorganiser cette même surface, pour détruire ses rapports physiologiques avec le reste de l'économie.

La succion des plaies empoisonnées est un moyen des plus rationnels qu'on puisse proposer, mais son application peut compromettre la sûreté de celui qui se dévouerait à la faire. — On a voulu, mais sans succès, remplacer les deux actes qui la constituent par des lotions, des frictions et l'application des ventouses. — Pravaz propose un appareil très-simple pour combiner ces trois genres de moyens, de manière à ce que leur application simultanée se rapproche autant que possible de la succion.

Mais ces moyens doivent manquer d'efficacité pour éliminer les fluides vénéneux déjà combinés, en quelque sorte, avec les derniers éléments de la substance organique; il faut détruire la partie même qui les recèle, par les caustiques, le cautère actuel, et préférablement encore par l'emploi du galvanisme, dont la propriété de décomposer les liquides et même les solides n'avait pas encore été appliquée à désorganiser les substances animales ; il cite, à l'appui, plusieurs expériences qu'il a faites sur des animaux mordus par des vipères, soumis à l'action de l'appareil voltaïque et guéris.

Une seule objection se présente : on n'a pas toujours sous la main l'appareil indiqué ; Pravaz répond que son moyen n'est pas exclusif, et que l'on peut encore en faire usage, après la cautérisation, pour multiplier les motifs de sécurité que celle-ci peut donner.

Ce Mémoire, lu à l'Académie, fut suivi d'un rapport favorable.

La mécanique et ses applications à la prothèse chirurgicale étaient aussi pour Pravaz une occupation favorite ; c'est ainsi qu'il travailla, pendant quatre années, à la construction d'un instrument lithotriteur, destiné à surmonter les obstacles que, dans certains cas, l'urèthre et la prostate opposent au passage des instruments droits, et qu'il put enfin présenter à l'Académie de Médecine, le 10 juillet 1832.

Ce lithotriteur courbe fut employé avec succès par l'un des praticiens les plus versés dans cette partie de l'art, M. Leroy d'Etioles, qui pensait, à cette époque, qu'un sixième des cas où le broiement de la pierre est indiqué ne comporte que l'emploi des instruments courbes. — Pravaz avait pressenti *a priori*, d'après les seules données anatomiques, un perfectionnement semblable, et dans le Mémoire qui accompagnait son instrument et qu'il lut à l'Académie, il ne revendiqua que l'honneur d'avoir montré le premier la possibilité de vaincre une difficulté mécanique qui l'avait retardé.

Voici, du reste, l'appréciation de Marjolin, dans son article *Lithotritie* du Dictionnaire de Médecine (T. XVIII, p. 129). L'instrument de M. Pravaz « est recourbé comme une algalie ordinaire ; mais la tige du perforateur est brisée, et, à l'aide d'une construction fort ingénieuse, qui lui conserve en même temps une grande solidité, il peut recevoir, en s'accommodant à la courbure de la gaîne extérieure ainsi que du litholabe, les mouvements de rotation qui lui sont indispensables pour attaquer la pierre. »

Dans son Mémoire, Pravaz discute, avec une impartialité peu commune, la valeur respective des instruments courbes de MM. Jacobson et Heurteloup ; et après avoir fait remarquer que la densité des calculs vésicaux va en diminuant de la circonférence au centre, il en conclut, qu'en raison de leur forme sphéroïde, ils résistent à la manière des voûtes aux chocs ou aux pressions exercées sur eux, de telle sorte qu'entamés sur une certaine étendue de leur périphérie, ils doivent comme elles céder avec facilité à des efforts comparativement très-médiocres.

Pourquoi ce lithotriteur courbe s'est-il oxidé dans sa boîte, après avoir été apprécié avec éloge, essayé avec un plein succès? — Parce que celui qui l'avait inventé ne fût pas en position de le faire connaître autant qu'il le méritait : Pravaz n'était pas chirurgien d'un hôpital... et à ce sujet, Messieurs, j'ose dire qu'une *Histoire de la grandeur et de la décadence* des instruments de chirurgie serait plus instructive, pour nous, que celle de l'abbé Vertot.

Les connaissances de Pravaz, en mécanique, ne se bornaient point à confectionner des appareils ou des instruments; au besoin, il sut les faire servir à la mise en action de la vapeur.

Son premier établissement, à Lyon, avait nécessité une machine à vapeur, pour les besoins aussi nombreux que variés de son service; cette machine fonctionnait imparfaitement, et ce fut pour parer à tous ses défauts de construction qui entraînaient une plus grande dépense de temps et d'argent, qu'il lui substitua une nouvelle machine, donnant immédiatement le mouvement de rotation, et n'admettant, dans l'intérieur du tambour, ni pièce mobile à tiroir ou à charnière, ni encliquetage; — il demanda et obtint du Gouvernement un brevet d'invention, et un second brevet de perfectionnement et d'addition à ce titre, à la date du 30 juillet 1838.

Au milieu de tous ces travaux, une grande idée dominait Pravaz : puisque les progrès de la civilisation tendent le plus souvent à développer les facultés intellectuelles aux dépens de la constitution et de la santé de l'homme, se dit-il un jour, je rechercherai, dans l'application des sciences physiques et naturelles, tous les moyens qui pourront lutter contre ces affections qu'entraîne la dégénérescence des races, dans les grands foyers de population. — Il avait déjà, dans cette intention, perfectionné plusieurs procédés de l'orthomorphie ; il leur avait associé la somascétique, et voilà qu'après avoir lu et médité un Mémoire que M. Junod avait présenté à l'Académie des Sciences, en 1834, sur les effets de la condensation de l'air chez l'homme en état de santé, Pravaz comprit quelle puissante influence un accroissement de la densité et de l'élasticité de l'air atmosphérique pourrait exercer sur les organes malades de la respiration et de la digestion, et par conséquent sur l'hématose et sur les diathèses qui disposent les jeunes sujets soit aux difformités de l'épine et des membres, soit à l'affection tuberculeuse elle-même... Il fit construire dans son établissement un appareil à bain d'air comprimé, dans le courant de l'année 1836, pour adjoindre la médication pneumatique aux divers moyens *organo-plastiques* qui y étaient déjà réunis (1).

Des guérisons inespérées justifièrent bientôt les vues spéculatives de notre ingénieux expérimentateur, et, l'année suivante, il en fit part au monde médical, dans deux brochures et une note adressée à l'Académie Royale de Médecine. — Les praticiens les plus distingués de Lyon et des départements limitrophes ne tardèrent pas à lui confier un grand nombre de malades dont ils avaient lieu de désespérer ; le remède nouveau se transforma en méthode curative nouvelle ;

(1) Cet appareil consiste en un réservoir de fer laminé, d'une capacité de neuf mètres cubes, dans lequel les malades peuvent se mouvoir en liberté. Une pompe refoulante, mue par une machine à vapeur, y condense l'air ; des glaces, des soupapes et un manomètre le complètent.

— il fallut en jeter les premiers jalons sur le terrain de la théorie, en raisonner les étonnants résultats ; ce fut, pour Pravaz, l'objet d'un *Mémoire sur l'emploi du bain d'air comprimé associé à la gymnastique, dans le traitement du rachitisme, des affections strumeuses et des surdités catharrales*, Mémoire qui fut présenté à la Société de Médecine de Lyon et approuvé par elle, comme « travail du plus haut intérêt. »

Pendant quatorze années consécutives, Pravaz poursuivit, avec la plus infatigable persévérance, les recherches dont il n'avait indiqué que les premiers résultats dans ce Mémoire, et lorsqu'il crut qu'une innovation thérapeutique de cette importance avait reçu du temps une sanction suffisante, et qu'il avait acquis sur sa manière d'agir et sur son opportunité des notions assez complètes, il se décida à publier un traité de médecine pneumatique, trop modestement intitulé : *Essai sur l'emploi Médical de l'air comprimé.*

Avant d'aborder l'historique des cures nombreuses qu'il avait recueilli dans son établissement, sous le patronage des plus célèbres médecins de Lyon, l'auteur précise d'abord les conditions physiques et physiologiques auxquelles sont subordonnés le mécanisme de la respiration et les changements chimiques qu'elle fait éprouver au sang ; — il rappelle et développe l'influence que cette fonction exerce sur la circulation et l'absorption ; — les effets produits sur les fonctions de l'homme par la condensation de l'atmosphère. — et tous ces prolégomènes, Messieurs, pour préparer son lecteur à l'intelligence et à l'explication la plus satisfaisante de la médication nouvelle.

Les effets de l'air comprimé sont les suivants : compression de toute la surface du corps, — respiration plus ample et plus facile, — absorption plus considérable d'oxygène, —

ralentissement de la circulation, — décomposition plus complète des matériaux usés, — besoin de prendre des aliments et nutrition, assimilation, augmentées; enfin (dernier effet le plus contestable), circulation veineuse activée par suite d'une aspiration plus forte de la part du thorax.

C'est avec une précision toute mathématique que Pravaz a systématisé les éléments divers de la médication pneumatique et qu'il a su la rattacher aux notions de physiologie, de physique et de chimie les plus généralement admises.

Or, le fait-principe de cette médication est celui-ci : la pression atmosphérique exerce une influence tantôt mécanique, tantôt chimique, pour amener la guérison de certaines maladies. — Son influence est mécanique, par exemple, sur le développement du poumon et sur l'ampliation de la cavité thoracique; elle accroît chimiquement l'endosmose de l'oxygène et favorise, de la même manière, la circulation veineuse. Voilà pourquoi, Messieurs, le bain d'air comprimé a été appliqué, avec succès, dans la thérapeutique et la prophylaxie de la phthisie pulmonaire, — au mal de Pott, — aux arthralgies strumeuses, — au rachitisme essentiel du premier âge, et aux déviations latérales du rachis, que Guersent désignait sous le nom de *rachitisme spinal*; — voilà pourquoi l'air comprimé réussit dans certains cas de chlorose, comme INTÉGRANT direct de l'économie; — dans certaines surdités, en dégorgeant les sinus veineux de la base du crâne; — dans quelques hypérémies cérébrales ou rachidiennes, et dans les névroses qui paraissent dépendre d'une affection du pneumo-gastrique, comme puissance mécanique.

Enfin, Messieurs, les guérisons de grippe, de fièvres intermittentes, de coqueluche, de rhumatisme, obtenues par l'usage du même bain, tendent à faire croire qu'en augmentant l'endosmose de l'oxygène dans le sang, on peut accélérer la solution des maladies miasmatiques, et faciliter la métasyncrise dans celles qui paraissent produites par un vice de la mixtion organique.

Bizarre destinée ! Fatale routine ! ce livre, un des plus remarquablement conçus et déduits, au point de vue scientifique, — ce livre qui était venu nous révéler une médication véritablement nouvelle, inoffensive, et d'une efficacité éprouvée pour modifier la plupart de ces dyscrasies, nées d'une civilisation à l'état de pléthore, se vendit moins que le *Manuel de la Santé!*... La thérapeutique à compartiments nous suffit encore, alors que nous devrions étudier et nous en tenir définitivement à la thérapeutique fonctionnelle, c'est-à-dire à celle qui agit sur tout l'organisme, avec des modificateurs, tels que l'air, l'eau, le régime, la gymnastique.

La médication pneumatique d'abord pressentie par Jenner, Fourcroy et Darwin, essayée en Angleterre par Beddoes, et en France par Burdin, n'a pas encore la place qu'elle mérite dans la thérapeutique; mais, il n'est pas douteux qu'elle dotera, un jour, l'art de guérir de perfectionnements proportionnés à l'importance de la fonction dont elle modifie l'exercice d'une façon si remarquable : — Pravaz aura la plus belle part dans ce progrès de la médecine moderne.

Il est un complément de la médication pneumatique qui mérite une mention spéciale, c'est l'*entraînement hygiénique*, comme l'appelle Pravaz, ou l'emploi de la gymnastique jointe aux frictions, aux bains, aux douches, et à un régime diététique convenable.

L'Institut dédommagea un peu notre savant confrère de l'indifférence du vulgaire médical, en lui décernant une récompense de 2,000 fr. au concours Monthyon 1852 (1).

Les luxations congénitales du fémur ont été considérées longtemps comme incurables. — Un orthopédiste de province, M. Humbert de Morley, en fit le sujet d'un Mémoire qui produisit une véritable sensation à l'Institut.

Pravaz était admirateur passionné de ce qu'il croyait alors sa découverte, puisqu'il avait obtenu le grand prix de chirurgie, et voulut aussi parvenir à réduire les mêmes luxations. — Sa bonne fortune le conduisit, non seulement à des succès inattendus, mais le mit à même de constater que, loin d'avoir seulement à imiter, il se trouvait être le PREMIER qui eût la gloire véritable de réussir complètement dans cette opération.

Deux appareils lui suffisaient : l'un pour l'extension continue préparatoire de la réduction ; — l'autre pour la réduction du membre : leur dessin accompagne le premier Mémoire qu'il lut, à ce sujet, devant l'Académie royale de médecine, le 7 mars 1835, et qui fut ensuite publié dans les *Archives générales de Médecine*.

(1) « Dans le but de favoriser et d'étendre l'emploi des agents physiques « dans la thérapeutique, la Commission propose d'accorder une récompense « de 2,000 francs, à l'*Essai sur l'emploi médical de l'air comprimé*, de M. le « docteur Pravaz, pour avoir élucidé d'une manière précise, à l'aide des « observations les plus positives et des travaux physiologiques les plus « récents, les questions relatives, d'une part, à l'influence de l'air comprimé « sur les organes de la respiration, sur l'audition, l'hématose et la circu- « lation ; et, d'une autre part, pour avoir bien apprécié ses heureux effets « sur la digestion et l'assimilation ; enfin, pour avoir varié, étendu l'emploi « de ce puissant modificateur de l'organisme, et pour l'avoir toujours fait « d'une manière rationnelle dans la pratique, avec un succès auquel sou- « vent on était très-éloigné de s'attendre. »

(Extrait du Rapport sur les prix de médecine et de chirurgie, pour l'année 1851.)

Une très-intéressante observation, relative à une jeune fille, atteinte et guérie d'une luxation congénitale du fémur, vint lui fournir l'occasion de faire connaître le *pourquoi* et le *comment* physiologique de ces appareils, dont le second, — le lit orthopédique mobile, — avait permis à la malade des efforts musculaires propres à entretenir ses forces et à favoriser sa nutrition, et lui avait évité de la sorte l'inconvénient grave qui avait fait renoncer à de premières tentatives de traitement.

Permettez-moi quelques détails, Messieurs, en considération de leur importance historique. L'extension du membre étant obtenue, Pravaz devait-il tenter la réduction? Auparavant, il voulut s'éclairer des conseils de plusieurs chirurgiens de Paris, lesquels, après un minutieux examen, décidèrent qu'il n'y avait aucun danger à chercher la réduction, si elle était possible, — ou à placer la tête du fémur au côté externe de la fosse sous-pubienne, immédiatement au-dessous du rebord de l'*acetabulum,* dans le cas où la cavité cotyloïde serait à un état tellement rudimentaire qu'elle ne pourrait retenir la tête du fémur réduit.

La réduction fut donc essayée plusieurs fois et toujours avec douleur, tant que l'on tira sur le membre dans un sens médiocrement incliné à l'axe du corps; — mais en portant l'abduction aussi loin que possible, en faisant agir ensuite la force de traction, en même temps que la cuisse saisie comme un levier du premier genre tendait à basculer sur l'une des mains de l'opérateur, transformée en point d'appui par l'action de l'autre main qui pressait sur son extrémité inférieure, MM. Bérard jeune et Jules Guérin qui assistaient à cette manœuvre, sentirent la tête du fémur glisser sur la surface de l'ilion, et entrer dans une cavité où elle se maintint.

La réduction se consolida par le repos et une douce contention sur le lit orthopédique, — par la faculté donnée à la malade d'imprimer à sa cuisse un mouvement souvent répété de circumduction, à l'aide d'une manivelle et d'un engrenage adaptés au lit, — mouvement qui avait pour effet de creuser en quelque sorte l'*acetabulum*, sans exposer le sujet à une récidive de la luxation, puisque le poids du corps ne portait pas sur la tête de l'os, comme dans la progression.

Les conclusions pratiques de ce Mémoire sont les suivantes : — les déplacements originels du fémur ne constituent plus une difformité absolument incurable. — Il faut toujours faire précéder la réduction d'un temps de préparation, pour obtenir l'allongement progressif des muscles rétractés, — et la faire suivre, pour la consolidation des nouveaux rapports établis entre le bassin et le fémur, quels qu'ils soient, du frottement des surfaces contiguës les unes contre les autres, à l'aide de mouvements imprimés au membre, pendant qu'il est soulagé du poids du corps par le decubitus.

Pravaz n'avait pas encore publié cet important travail, il le préparait, en colligeant avec soin et conscience les résultats cliniques qu'il obtenait dans son établissement, — lorsque la neuvième session du Congrès scientifique de France eut lieu à Lyon, en **1841**. — Quelle belle occasion pour tous les promoteurs d'idées nouvelles, qu'un Congrès ! — Ils peuvent les transporter d'un bout à l'autre de la France et de l'Europe, dans la valise si commode de Bias, et les semer sur un terrain bien préparé, remportant l'espoir d'une fécondation prochaine... — Notre célèbre orthopédiste en profita, en communiquant à la section des sciences médicales un travail manuscrit sur l'étiologie **NOUVELLE** et la guérison **POSSIBLE** de ces luxations.

D'après lui, en effet, la plupart des luxations dites *congénitales* ne sont en réalité que des luxations *acquises*, et l'explication qu'il en donne exclut tout obstacle mécanique à la réduction. — C'est dans ce même travail qu'il a signalé, le premier, le signe anatomiquement pathognomonique d'une luxation existante ou réduite. Il y a luxation, si, après avoir étendu la jambe sur la cuisse, et en cherchant à fléchir le membre inférieur en totalité sur le bassin, on peut, sans beaucoup d'efforts, porter la flexion presque jusqu'au parallélisme du tronc et du membre inférieur. — Une fois la réduction opérée, l'étendue du mouvement de flexion est beaucoup moindre; il est même impossible de faire tomber l'axe du membre perpendiculairement sur celui du tronc.

Après cette lecture, Pravaz présenta un jeune garçon qui avait offert tous les signes de la luxation congénitale, avec cette facilité d'amener son membre malade en contact avec l'épaule, au *port d'armes;* après les manœuvres de la réduction, ce jeu lui devint à jamais impossible.

Vu son importance et ses difficultés, le même problème d'orthomorphie fut mis, en quelque sorte, à l'ordre du jour, dans plusieurs autres Congrès; je citerai seulement ceux de Fribourg en Brisgau, de Strasbourg et de Pise. — Pravaz, malgré ses incessantes occupations, se décida à assister aux deux derniers, et à leur porter les éléments d'une discussion qui devait être profitable aux progrès de sa spécialité. — Après avoir démontré, contre l'opinion de chirurgiens les plus experts, que la réduction de semblables déplacements ne présentait aucune impossibilité anatomique, il établit, de nouveau, que cette réduction avait été réellement et récemment opérée par lui.

Dans l'espace de trois années (1835-1838), chaque orthopédiste espérait arriver, par des procédés divers, à cette curabilité des luxations congénitales du fémur, mise à l'étude. — M. Humbert se souciait seulement d'accroître le nombre de ces cures prétendues qui devaient figurer dans son prochain ouvrage, plutôt que de profiter des idées libéralement épanchées par son compétiteur, dans le Mémoire précité.

Il parut, enfin, cet ouvrage de M. Humbert, sous le titre d'*Essai* ou *Observations sur la manière de réduire les luxations spontanées ou symptomatiques de l'articulation ilio-fémorale*. Un exemplaire fut adressé à titre d'hommage à la Société de médecine de Lyon, et tout naturellement celle-ci en confia le compte-rendu au docteur Pravaz ; — mission délicate et qui aurait été déclinée par un homme moins instruit de sa spécialité, et surtout moins loyal.

Après avoir exposé les circonstances qui l'avaient éclairé tardivement sur la valeur des résultats contenus dans l'ouvrage de M. Humbert, il conteste la réalité des guérisons que l'auteur prétend avoir faites, — tout en rendant justice à ses essais,—et avec cet art des ménagements oratoires qui lui assurait irrésistiblement, dans un débat quelconque, la faveur d'un public choisi, il lui démontre, avec des faits connus de MM. Richard (de Nancy), Nichet, Joffre, Bérard, Blandin et Ferdinand Martin, que chez les sept malades qu'il croit avoir guéris, la tête du fémur n'a jamais été ramenée dans sa cavité naturelle, et qu'il n'a fait que substituer, à une luxation en haut et en dehors, une luxation en bas et en arrière, — genre de déplacement qui a rarement lieu d'une manière accidentelle, et qui, par cette raison, est très-peu connu dans ses symptômes, savoir : la luxation dite *ischiatique*.

L'erreur même où M. Humbert est tombé, dit Pravaz en terminant son compte-rendu, a enrichi l'art orthopédique d'une conquête précieuse. — En effet, dans la grande majo rité des cas, l'altération des surfaces articulaires laisse peu de chances de succès pour une véritable réduction ; or, dans les circonstances défavorables, il restera toujours au médecin la ressource d'essayer de porter la tête du fémur dans un point de la périphérie du bassin, où elle trouvera un appui plus solide, et où les efforts de la nature rencontreront des conditions plus propices à la formation d'une cavité articulaire artificielle, etc.

Le croirez-vous, Messieurs, un rapport si digne et empreint d'une équité plus qu'académique, valut à son auteur un libelle clandestin, dans lequel M. Humbert se plaignit d'un complot ourdi contre lui, etc. — Pravaz se contenta de publier son Rapport, comme la réponse la plus péremptoire qu'il pût faire aux suppositions injurieuses dirigées contre lui, se confiant, du reste, aux décisions postérieures de l'Académie de médecine, — sur le droit de priorité que lui contestait M. Humbert, à propos d'une véritable réduction.

Après une série de faits sanctionnés par l'autorité de tout ce que la médecine lyonnaise comptait de plus distingué, Pravaz publia son œuvre capitale, intitulée : TRAITÉ THÉORIQUE ET PRATIQUE DES LUXATIONS CONGÉNITALES DU FÉMUR, pour lequel l'Institut lui décerna un prix de 1,500 fr., suivi presque immédiatement de la décoration de la Légion-d'Honneur.

Dans son Rapport à l'Institut, le professeur Lallemand mentionne les moyens mécaniques de Pravaz comme « fort ingénieux et très-variés pour opérer lentement la réduction des luxations congénitales, et pour obtenir la consolidation de la guérison. »

A l'Académie royale de médecine, M. Gerdy avait démontré que de semblables réductions étaient rationnellement possibles, et que les faits présentés par l'orthopédiste lyonnais en prouvaient EXPÉRIMENTALEMENT la possibilité.

Notre Société de médecine, après avoir entendu le rapport de M. de Polinière, — au nom d'une commission nombreuse qui avait été chargée de suivre le traitement de plusieurs malades atteints de claudication, — en avait approuvé, à l'unanimité, la teneur et les conclusions suivantes :

« Il résulte de la lecture des Mémoires qui, depuis trois ans, ont été lus dans plusieurs de nos séances par M. le docteur Pravaz, que notre confrère vous avait démontré théoriquement contre l'opinion de M. Palleta, de Dupuytren et de Delpech, la possibilité de réduire, dans certains cas, les déplacements de la tête du fémur qui se sont produits sans maladie articulaire et sans violence extérieure. »

« Il résulte de l'examen des trois jeunes sujets qui ont été soumis à notre observation, soit dans cette enceinte, soit dans l'établissement orthopédique de Montfleury, jeunes sujets atteints de luxations réputées congénitales de le tête du fémur, et que vous avez soigneusement observés avant, pendant et après le traitement, que chez eux la réduction de l'os luxé a été opérée, que leur guérison est positive et irréfragable. »

« Il résulte, enfin, de tout ce qui précède, que l'art de guérir s'est enrichi d'une conquête : elle était inattendue, car on ne présumait pas que les efforts de l'orthopédie osassent se diriger vers un but que les professeurs les plus célèbres de nos Facultés avaient appelé inaccessible. »

Cette découverte, comme toutes celles qui ont déplacé ou renversé certaines bases de l'édifice médical, n'a pu échapper, soit aux dénégations d'une paresseuse ignorance, soit au doute sincère de la science, façonnée à ses habitudes que le temps a consacrées, et qui ne se rompent pas aisément (1).

(1) M. Bouvier ne croit pas encore aujourd'hui, comme il y a quinze ans, à l'allongement des fibres ligamenteuses trop courtes pour laisser descendre la tête du fémur, par l'extension méthodique et continue, et à la reconstitution de l'articulation. (*Revue médicale*, septembre 1853.) — Il faut savoir gré au docteur Gillebert-d'Hercourt d'avoir répondu, à la place de

Des publications aussi importantes et qui semblaient enregistrer, d'année en année, un perfectionnement ou une découverte de plus à l'avoir d'un seul homme, lui concilièrent, à la fois, le suffrage des praticiens spéciaux et l'estime des Sociétés savantes, qui s'empressèrent de l'admettre dans leur sein. Dans une année (1836-1837), il fut successivement nommé membre de la Société médicale de Dijon, de la Société royale d'agriculture de Lyon et de la Société médicale de la même ville; l'Académie de médecine même, oublia, en sa faveur, les prédestinés de la camaraderie parisienne qui obstruent les avenues du temple où le mérite modeste ne peut jamais pénétrer que par surprise ou respect humain.

A dater de cette époque, de semblables distinctions lui arrivèrent d'une année à l'autre ; mais ce qui l'honora par dessus tout et attesta, mieux que tout ce qu'on pourrait dire, le haut degré d'estime personnelle et de considération scientifique dont il jouissait à Lyon, ce fut son avènement, par voix de scrutin, à la présidence de notre Académie des sciences et à celle de notre Société d'agriculture.

L'admission de Pravaz à la Société de médecine de Lyon fut comme sa lettre de naturalisation, et, conformément aux usages académiques, il lui présenta un Mémoire sur l'*Ap-*

Pravaz, dont il est vraiment digne de diriger l'établissement. — Le nombre des luxations congénitales du fémur doubles ou simples, réduites ou maintenues par la méthode Pravaz, s'élevait à vingt-quatre, quand il mourut ; et tous les malades ont été visités, avant ou après la réduction par Marjolin, Blandin, Breschet, de Montègre, Martin, Nichet, Provençal, Roux, Magendie, Lallemand, Gerdy, Begin, Stoltz, Richard (de Nancy), Brachet, de Polinière, Baumès, Pétrequin, Reynaud (du Puy), Tissot, etc.

Nier des faits aussi nombreux, aussi authentiques, n'est-ce pas nier la science ?

plication de la gymnastique au traitement des affections lymphatiques et nerveuses, et au redressement des difformités.

Les progrès de la civilisation diminuent la fréquence ou la gravité des maladies ; mais il en est une, — l'affection tuberculeuse, — qu'elle multiplie, par l'encombrement dans les villes, par la vie trop molle et trop sédentaire du riche.

L'inhalation d'un air pur, l'exercice systématique des muscles, et surtout de ceux qui dilatent la cavité thoracique, peuvent combattre cette diathèse, et même la chlorose et les affections nerveuses, en perfectionnant l'assimilation et l'hématose.

L'orthomorphie ne peut rien sans la gymnastique ; — c'est par elle qu'elle modifie les positions constitutionnelles qui ont préparé la difformité, qu'elle régularise l'action musculaire, et assure le maintien du rapport normal des parties solides entre elles.

Dans un récent rapport qui a motivé l'introduction de la gymnastique dans le programme des études des lycées, le professeur Bérard a dit, conformément aux idées de Pravaz, que la gymnastique était de l'*orthopédie préventive.*

Mais l'orthopédie, comme tant d'autres choses humainement instables, devait subir le flux et le reflux de l'opinion publique ; d'une part, l'iatromécanique persistait à vouloir tout redresser ; d'une autre, les mémoires en ricochet, les questions de priorité soulevées, les discussions académiques, les réclames dans les journaux, semblaient conspirer contre le système éclectique qui admet le dynamisme de la vie comme élément principal à introduire dans le traitement des hétéromorphies guérissables, alors que celui-ci était en voie de manifester sa valeur réelle, grâce aux travaux de Scarpa,

Ch. Bell, Portal, Shaw, Delpech; — grâce surtout aux persévérants et heureux efforts de Pravaz.

C'est avec la sincère intention de faire cesser cette incertitude des esprits qui commençait à gagner la Société de médecine de Lyon, qu'il lui présenta son *Mémoire sur la réalité de l'art orthopédique et ses relations nécessaires avec l'organoplastie*.

Pravaz établit que l'art qui se propose de corriger certaines difformités du corps humain aussi funestes à la santé que disgracieuses, n'a pas moins de réalité que les autres branches de la médecine ; et il dit en même temps que son efficacité, souvent compromise par le charlatanisme, repose essentiellement sur la combinaison rationnelle de tous les éléments de l'hygiène avec les procédés physiques et mécaniques qui, en modifiant les formes extérieures du corps, exaltent les fonctions radicales de l'organisme.

Je vous l'ai déjà dit, Messieurs, le traitement des tumeurs anévrysmales, capable d'affranchir un malade de la douleur et des chances mauvaises de la ligature de l'artère, préoccupa notre ingénieux confrère, pendant toute sa vie. — La thérapeuthique chirurgicale lui devra définitivement deux moyens de coagulation du sang dans les poches sanguines, — l'électricité et le perchlorure de fer ; — ce fut à la Société de chirurgie qu'il offrit les prémices de cette dernière et précieuse innovation, à la date du 17 mai 1853.

Les expériences de Pravaz avaient été prudemment pratiquées sur des chevaux en présence du professeur Lallemand et avec la collaboration de M. Lecoq, directeur de l'Ecole vétérinaire de Lyon ; — le docteur Raoult des Longchamps tenta, le premier, l'injection du perchlorure de fer sur l'homme, et fit disparaître ainsi, en quelques jours, une tumeur anévrysmale sus-orbitaire, grosse comme une noisette.

Rien, Messieurs, ne caractérise mieux l'activité scientifique de notre époque, comme l'ardeur qu'on mit à expérimenter ce nouvel agent de coagulation; rien aussi n'a dénoncé, l'inquiète et peu digne rivalité de la chirurgie parisienne, comme la *manière si singulière* (M. Gilardès l'a dit, et l'on n'est trahi que par les siens), avec laquelle cette découverte fut présentée et appréciée, pendant plusieurs séances de l'Académie de médecine.

Après avoir déployé toute son éloquence pour obtenir le rejet formel de cet hémospasique provincial, le professeur Malgaigne s'écria : « Est-ce assez de victimes humaines (quatre insuccès !) et combien vous en faut-il encore pour crier anathème sur la méthode? » — La chirurgie lyonnaise lui a répondu par des guérisons nombreuses, et sa réponse a été sans réplique.

« Ce n'est donc pas à la méthode, comme l'a dit le docteur Valette, mais à la mauvaise application de la méthode, qu'il faut attribuer la plupart des insuccès que l'on a eu à déplorer. » — Aujourd'hui, Messieurs, le perchlorure de fer a regagné tout le terrain perdu et bien au-delà; — sans partager l'enthousiasme du professeur Lallemand, je puis affirmer que les indications du perchlorure de fer se multiplient indéfiniment. — Ainsi, comme agent coagulant, il a été employé avec succès dans les petites poches anévrysmales, les varices, les ulcères variqueux, les kystes hématiques, les tumeurs érectiles et celles de la face, connues sous le nom de *noli me tangere;* — comme agent hémostatique, il guérit les hémorrhagies diffuses, et il modifie favorablement les ulcérations qui se développent sur les tumeurs cancéreuses et les plaies en suppuration.

Nous guérirons encore cértains anévrysmes par la ligature comme par l'injection; mais, quand il s'agira d'opérer sur l'artère crurale, au pli de l'aîne, sur l'artère axillaire, sur le tronc brachio-céphalique, etc., nous serons obligé de demander au professeur Malgaigne s'il connaît une méthode préférable à celle de Pravaz.

Reste une question de priorité à étudier. — M. Leroy d'Etioles a revendiqué la méthode de traitement par injection intra-artérielle, qu'il a pratiquée sur des chevaux en 1844; mais il n'a fait qu'essayer le procédé de Monteggia. « On pourrait peut-être, a dit le chirurgien italien, faciliter la formation d'un caillot en faisant une ponction dans la tumeur avec un trocart, et en injectant ensuite une substance astringente douée de la propriété de coaguler le sang, telle que l'alcool, etc. »

Monteggia a eu le bonheur d'avoir couché sur le papier une idée commune à beaucoup de chirurgiens; mais à Pravaz revient le mérite d'avoir fixé, le PREMIER, le choix du liquide le plus coagulant et l'appareil qui lui convient pour en assurer le succès.

II.

Nous voici, Messieurs, sur la pente qui entraîne tout... Pravaz était doué d'une vigoureuse constitution, mais s'il ne devait pas encore se courber sous le poids déjà lourd de sa soixantaine, une cause de maladie existait chez lui, et faisait pâlir visiblement le *rayon divin*. « Les austères voluptés de la science elle-même, a dit Reveillé-Parise, ne garantissent nullement des effets de la surexcitation ; elles sont aussi dangereuses que les autres, quand la prudence n'en pose pas les bornes, n'en limite ni la force ni la durée. Qu'importe la cause honorable de ces excitations prolongées ! elles existent, et l'économie en est profondément altérée. Seulement l'organe surexcité est spécialement le cerveau ; et il ne faut pas perdre de vue que le danger n'en devient que plus imminent, car cet organe est le principe et le dispensateur de toute sensibilité. »

Un jour, Messieurs, — c'était le 21 décembre 1852, — Pravaz m'écrivit pour dîner avec un de mes anciens maîtres, le vénérable Lallemand. — A l'époque indiquée, j'arrive *aux Etroits*, je me fais annoncer à mon cher Amphytrion, je l'attends le cœur en fête.... Hélas ! je ne devais plus revoir que l'ombre d'un ami, hier encore si robuste, dans un vieillard qui se traînait à peine, et ce vers d'Alfred de Vigny me revint en mémoire :

Qu'il t'a fallu souffrir pour devenir ainsi !

En effet, depuis notre dernière rencontre qui datait de quelques mois, Pravaz avait éprouvé des douleurs centaures, moitié physiques, moitié morales, — qui avaient altéré sourdement et vite son organisme, et en avaient, pour ainsi dire, brisé les puissants ressorts ; notre pauvre confrère attribuait tous ces effrayants ravages pathologiques à un rhumatisme seulement, je me gardai bien de toucher à cette illusion dernière, en lui faisant la réponse du médecin dans Macbeth, « *This discats is beyond my practiœ*, etc.... »

Oui, Messieurs, son mal était au-dessus de notre art... Toute la lie de ce calice d'amertume, réservé aux âmes trop impressionnables, l'avait pénétré et s'était infiltrée dans son sang... il y avait cachexie.

Pravaz fut toujours porté à s'inquiéter à la moindre atteinte du mal ; cette disposition était héréditaire et s'étendait à tous les siens ; — elle devait lui être fatale.... — Pendant l'évolution rapide de sa dernière maladie, il essaya de tous les médecins comme de toutes les médecines, et impatient d'obtenir une amélioration désormais impossible, il goûtait les remèdes sans suite ni règle ; il abusait alternativement des caustiques et des émissions sanguines ; Stoll l'a dit, et il avait raison : *Medicus seipsum male sanat.*

On lui conseilla les eaux d'Aix, en Provence, et, après les avoir essayées pendant quelques jours, sous la direction du docteur Goyrand, il opta pour celles de Gréoux, — préférence malheureuse, — car il fut obligé de revenir à Aix plus fatigué, ce qu'il attribuait à un refroidissement au sortir de la douche. — Il se plaignait d'un *embarras* à la tête, d'une insomnie opiniâtre ; sa faiblesse égalait sa maigreur. Incapable d'une attention tant soit peu soutenue, ses idées vaguaient inquiètes et désordonnées... et, malgré les instances du médecin qui l'engageait à prendre un peu de repos, il voulut résolument revenir à Lyon, où le délire et une fièvre ardente se déclarèrent le jour même de son arrivée. — Dès ce moment, Messieurs, la nature était sans ressource et l'art sans appui ; quelques lueurs fugaces de cette belle intelligence qui allait s'éteignant, comme pour lui permettre de revoir encore une fois à travers les ombres descendantes de l'éternelle nuit, une famille agenouillée et en larmes près de son lit ; — pour entendre les suprêmes consolations d'un prêtre qui fut digne d'être son ami, — et il mourut, le 24 juin 1853, avec ce calme de l'âme chrétienne qui ne craint pas et qui pourtant respecte la dissolution, car il pouvait dire, comme l'Apôtre : *Cursum consummavi, fidem servavi.*

Pravaz est mort comme il avait vécu, — chrétiennement ; —

remarque utile, en ce temps encore où les gens du monde persistent dans une injuste suspicion de matérialisme et d'impiété à notre sujet. — Un des médecins les plus remarquables de notre époque par sa haute culture intellectuelle s'inclinait humblement devant ce que Bossuet nomme les *saintes obscurités de la foi*. Il allait même à la messe !...

III.

« Les découvertes qui appartiennent à chaque auteur, dit Vicq-d'Azyr, doivent sans doute occuper la première place dans sa vie. — Tout ce qui lui fut propre, soit en observations, soit en essais, soit en expériences, soit en méthodes, soit en vues, soit même en projets, mérite d'être remarqué ; car il est utile de montrer quand et comment la vérité s'est offerte aux regards des hommes. » — Après ce rapide aperçu de travaux et de publications scientifiques, il me reste, conformément au conseil du célèbre panégyriste, à étudier Pravaz sous d'autres aspects, — comme homme, — comme médecin, — comme savant, — comme écrivain. — Je vais essayer de les mettre en lumière.

Pravaz joignait « le corps d'un athlète à l'âme d'un sage. » Il était grand, — large de buste ; — sa démarche toujours grave, mais indécise, et la tête un peu penchée en avant, attitude commune à tous les myopes et aux natures réfléchies. — Mais quelle tête *philosophique*, d'après Lavater ! — Front large, proéminent, correctement dessiné ; avec la saillie des plus nobles attributs phrénologiques, — sens des choses et des formes, — esprit de calcul, — bonté, — théosophie. Ses yeux noirs, brillants, à angles longs, revêtus de paupières qui abritaient un peu la prunelle, exprimaient à la fois le calme et la force; ils saisissaient leur objet avec promptitude et le pénétraient avec une irrésistible attraction de douceur.

Son sourire était sobre et fin; il donnait quelquefois aux arcs bienveillants et fermes de sa bouche le *rictus* d'une raillerie provoquée.

Toujours simple dans ses manières, dans son langage, Pravaz méprisait toute espèce d'affectation; sa politesse était vraie, et son abord froid, mais doux et facile.

Il avait une telle horreur du mensonge (ce détail est des plus caractéristiques), qu'il ne permettait pas aux gens de sa maison, pas même à sa famille, de dire qu'il était absent pour lui éviter la visite la plus importune.

Il parlait peu et savait écouter; — dans les réunions scientifiques, il ne demandait guère la parole que pour défendre des idées qui avaient l'unique défaut de passer avant celles des autres.

On a reproché à Pravaz sa susceptibilité; cette imperfection de caractère est commune à ceux qui cultivent les sciences, les arts et la poésie : *genus irritabile vatum*. — Morgagni ne put pardonner à un confrère qui l'avait cité sans faire précéder son nom du titre d'*illustrissime*. — Après cela, Messieurs, vous comprendrez le mécontentement d'un des premiers orthopédistes de l'Europe, en apprenant que des confrères dénigraient ses travaux, s'ils n'affectaient pas de les ignorer. — Racine en a fait l'aveu : toute louange refusée compte parmi les douleurs. Si Pravaz ne tenait pas à la flatterie dulcisonnante, au bruit et à la renommée, la méchanceté du silence était, pour lui, la pire de toutes...

Considéré moralement, on pourrait définir Pravaz en quatre mots bien connus : VIR PROBUS, MEDENDI PERITUS. C'était, en effet, un de ces caractères *moulés au patron des siècles anciens*, qui sont effacés de notre civilisation, et ne croyant jamais au mal, parce qu'ils sont incapables d'en commettre aucun. — Sa rigide probité était de notoriété publique ; son exquise délicatesse de procédés envers ses confrères lui avait mérité la haute estime et la sympathie de tous ceux qui échangèrent avec lui, des rapports de profession. — Ses habitudes étaient très-simples, presque patriarchales ; — ses mœurs irréprochablement pures, faciles pour tout le monde, sévères pour lui. — Il prenait de ses enfants un soin *moral*, dont peu de pères sauraient s'acquitter aussi bien, rapportant tout aux grands principes de l'Évangile, aux grandes obligations de la société ; les expliquant et les gravant dans leur mémoire, à l'aide d'historiettes improvisées et mises à la portée de leur âge.

Notre confrère voyait peu le monde des salons par *économie ;* on n'est pas né pour la gloire, a dit un moraliste, lorsqu'on ne connaît pas le prix du temps. — Il y avait, peut-être encore, dans ce parti pris de la retraite, un peu de sauvagerie, mais elle n'était pas *congénitale* ce qui me permettra de l'expliquer. — Sa mère, femme de mérite, avait eu le tort de l'élever trop sévèrement, ce qui fit souvent, dans sa jeunesse, déborder ses idées d'indépendance, idées qui, heureusement, tournèrent à l'étude ; mais cette sévérité intempestive et contraire à son caractère, comprima les premiers élans de son expansion, et l'avait empêché de prendre cette douceur de forme qu'il a toujours regrettée, et dont il attribuait l'absence à sa première éducation.

Le temps qu'il ne voulait pas dissiper avec le monde, était réservé pour les réunions scientifiques, où il aimait à se retrouver avec ses collègues, et où sa parole consciencieuse, comme l'a dit notre très-honoré Président, exerçait sur eux un rare ascendant.

Reveillé-Parise, faisant l'éloge de Double, a dit qu'il tenait plus qu'il ne promettait. — Cette remarque peut s'appliquer à Pravaz; sérieux et réservé en public, il n'y avait que ses amis intimes, — en petit nombre, — pour le retrouver tel que la nature l'avait fait, — *la tête froide et le cœur chaud*, — obligeant par idiosynchrasie, — dévoué sans vouloir le paraître; — il avait, dans le caractère, ce que Shakspeare appelle le lait de la bonté humaine (*milk of human kindness*). — Sa causerie était attachante; il y déployait tout le charme de son esprit, une bonhomie piquante qui savait se passer de médisance. — Le professeur Lallemand, un des hommes les plus instruits par le temps et l'étude, ne se lassait pas, pendant son séjour à Fontanières, d'admirer toutes les richesses d'une érudition qu'il tenait obstinément sous clé, et quand je lui fis le reproche de cette avarice, il me répondit : « Les hommes qui savent beaucoup ont d'excellentes raisons pour être modestes. » — Je me crus, un instant, au cap Sunium...

IV.

Cependant, à un spécialiste, il faut presque autant de savoir-faire que de savoir, et Pravaz ne voulut jamais se résigner à une publicité licite, et surtout descendre des hautes régions de la science où le public ne pouvait pas l'atteindre, — pour faire de son établissement orthopédique ce que le vénérable Nacquard appelait une *auberge médicale*.

Ce fut une faute de conduite, j'en conviens, mais les gens d'esprit en font beaucoup, disait Mme Geoffrin, parce qu'ils ne croient jamais le monde aussi *bête* qu'il est...

Pendant ce temps-là, Messieurs, la concurrence, — cette proxenète de l'intérêt privé et de la santé publique, — mettait à profit ce qu'il faisait comme ce qu'il ne faisait pas ; ses appareils furent contrefaits, et même PERFECTIONNÉS!... C'est l'histoire d'un certain abbé Cossard, racontée par Diderot, mais que la gravité de mon sujet ne me permet pas de vous rappeler.

Notre confrère possédait les qualités professionnelles les plus indispensables à sa spécialité, — de la douceur, mais pas de faiblesse avec un public de plus en plus exigeant, difficile ; — une patience raisonnée avec ses jeunes malades, le plus ordinairement indociles, ce qui l'obligeait à répéter ou à varier les manœuvres nuit et jour ; — une persévérance qui ne se laissait point déconcerter par des contre-temps, et qui, disait-il, était plus nécessaire chez lui, qu'une haute capacité.

Consulté sur les chances d'un traitement orthopédique, il avait le coup-d'œil prompt et sûr, et jamais il ne sacrifia à son intérêt l'indépendance de son diagnostic ; il oubliait même, en pareille occurence, qu'il était propriétaire d'un établissement : toutes ces insinuations de métier paraissaient dégradantes à un médecin nourri, imbu du génie et des grandeurs de son art.

C'était, en un mot, un de ces hommes qui enrichissent la science, mais que la science ne peut pas enrichir.

Dans l'exercice de son art, quelle conscience ! quelle sensibilité d'âme ! en voici un exemple des plus touchants. — En apprenant la nouvelle méthode du traitement des anévrysmes, M. Serre, chirurgien de l'hôpital d'Alais, lui demanda un échantillon de sel ferrique avec son appareil instrumental.

— Pravaz, déjà très-malade, s'empressa d'obtempérer au désir de son zélé confrère, à la condition d'obtenir un bulletin journalier de son opéré. — L'injection se fit, mais les suites en furent inquiétantes ; il s'agissait d'un anévrysme variqueux au pli du coude, et, après l'opération, il était survenu une vive inflammation des parois du sac, avec abcès et escarre, parce qu'on avait injecté trois fois plus de perchlorure qu'il n'en fallait. — Pravaz s'en alarma immodérément; il n'en dormait plus, et se reprochait hautement la mort d'un homme qu'on aurait peut-être pu sauver par d'autres moyens.

Cependant l'opéré guérit, et Pravaz s'éteignit trois semaines après. — Sa famille reste convaincue que ce dernier ébranlement cérébral accéléra sa fin...

V.

Tous les travaux auxquels il se livra furent graves et en même temps utiles. — Sa vie entière ne fut qu'une longue et pénible journée d'étude et d'étude sérieuse, ayant l'humanité pour objet et son amélioration physique pour but. — Rien ne pouvait l'en distraire : les arts agréables voltigèrent vainement autour de cette belle et grave tête toujours penchée sur un bureau et accoudée sur une main moite et osseuse, tandis que l'autre courait et faisait grincer une plume métallique sur le papier... — Ses prélassements même étaient des devoirs : la surveillance médicale de son gymnase, des essais d'agriculture, quelques promenades à Lyon, un ou deux voyages par an à Paris, pour entretenir l'Académie de ses intéressants travaux.

Il avait, comme Pinel, Percy et Boerhaave, le génie des mathématiques, et il y céda. — La mécanique était son étude de prédilection. — La chimie, la physique, l'anatomie et la physiologie humaines et comparées lui étaient sciences familières. — Mais il sut, mieux que Macbride et Pringle, appliquer les sciences physiques à la médecine; et, sans faire courber son esprit aux détails infiniment petits d'une pratique vulgaire, il fit servir, à son début, ses vastes et profondes connaissances à la solution d'un problème non moins vaste, non moins profond : — épurer le tempérament, — corriger la forme, — fortifier et perfectionner le développement de l'espèce humaine, en instituant une thérapeutique fonctionnelle qui comprenait l'orthomorphie, l'hygiène, la somascétique et l'emploi médical de l'air comprimé ; — il connaissait plusieurs langues anciennes et modernes ; — enfin, Messieurs, l'histoire et la philosophie lui prêtaient tour à tour leur flambeau, quand il voulait fouiller dans le passé, ou faire pénétrer son intelligence dans la profondeur de ses propres sentiments.

Le génie scientifique se compose de facultés opposées, mais qui se combinent admirablement, c'est l'*harmonie des contraires*. Pravaz unissait un esprit original et fin à un jugement solide et éclairé; il inventait et il savait appliquer. — Mais le plus beau privilége de ce génie, selon Geoffroy-Saint-Hilaire, c'est de deviner sur peu d'éléments ce que d'autres déduiront plus tard péniblement. — Après les essais de Junod et de Tabarié, vous avez vu Pravaz comprenant tout le parti que la thérapeutique des maladies les plus graves pourrait retirer de l'air comprimé, construire un vaste appareil, et instituer des expériences à l'appui. — Une hypothèse de Humbert de Morlay le conduit à la curabilité des luxations du fémur ; — Une circonstance fortuite l'invite à étudier l'orthopédie ; il s'y voue, la perfectionne, la régénère... Je pourrais en dire autant de l'origine de toutes les autres découvertes qui lui assurent, dans les sciences, un rang si élevé ; mais n'oubliez pas, Messieurs, qu'il travaillait une idée avec amour et persévérance, imitant la nature *qui ne fait rien par saut*, et puis les impressions qui ne font que frôler un esprit moins pénétrant, moins appliqué que le sien, se changeaient chez lui, et à un degré des plus remarquables, dans ce que Leibnitz nomme l'apperception (*perceptio cum reflexione conjuncta*).

VI.

On a dit que la célébrité des savants qui n'ont point publié d'ouvrages se prolongeait rarement au-delà de leur vie, parce que la postérité, à laquelle ils n'ont rien transmis, croit ne leur rien devoir. — Pravaz n'éprouvera pas cet oubli mérité du temps. — A une application soutenue, à son aptitude au travail, il se fit remarquer, en débutant, par cet esprit de suite, base assurée, non seulement de la logique qui examine et discute, mais de la logique qui conclut, et, par conséquent, de celle qui prouve ; c'est vous dire, Messieurs, qu'ayant beaucoup pensé, perfectionné ou trouvé, il a dû également beaucoup écrire, mais surtout bien écrire. — Sa phrase est toujours simple, d'une irréprochable correction, et empreinte d'une bonne foi qui inspire estime et confiance ; — elle est, de plus, reluisante de cette netteté qui est le vernis des maîtres, selon Vauvenargues, et agencée avec le talent si rare d'être profond en termes clairs, — ce qui est, à mon avis, la perfection du style scientifique.

Aussi, Messieurs, de toutes les passions, on ne lui en connaissait qu'une, celle de l'étude; — passion noble, mais ruineuse et malsaine. — Je la compare à l'échelle de Jacob, toute guirlandée de ces beaux anges rêveurs, que Fra-Bartolomeo savait peindre sur l'autel d'un oratoire. — L'homme qui s'arrête quand il doit marcher, l'homme qui regarde en haut au lieu de regarder devant lui, les voit, les admire, et cède à leurs célestes sourires; il pose d'abord un pied sur le premier échelon, puis deux... et, en voulant monter au ciel, il quitte la terre où devaient le retenir ses affections, sa santé, son intérêt. — « Il ne faut pas se méconnaître, a dit Pascal, nous sommes corps autant qu'esprit; » — et si notre confrère, en se livrant trop aux contentions intellectuelles, ne laissa pas refroidir ses affections, il compromit, à la longue, sa santé, et il ne se donna pas le temps de tirer de sa belle position tout le parti permis et possible.

J'allais oublier une autre passion de Pravaz, et celle-ci mérite d'être mentionnée, pour qu'elle puisse se propager par l'exemple, et qu'elle ranime de plus en plus nos cœurs engourdis par l'égotisme et le métal, — il s'agit de son amour du bien. — C'est de lui, Messieurs, qu'on peut dire que la main gauche ignorait ce que faisait la main droite, car on a trouvé, après sa mort, dans le compartiment le plus secret de son bureau, une véritable *caisse d'épargne* au profit des malheureux qu'il connaissait ou qu'on lui faisait connaître. — Que d'aumônes en secret! que de services rendus à des confrères dans la gêne, à des négociants dont l'honneur ne tenait qu'à une échéance!...

La pire pauvreté, la misère profonde
Est celle qu'on promène, en gants blancs, dans le monde.

Pravaz le savait, et il ne laissait pas vide, la main qu'on

lui tendait; sa bienfaisance fut plus d'une fois surprise, il vaut mieux, disait-il alors, être trompé dix fois que de risquer, en refusant, de se tromper une seule.

Je m'arrête, Messieurs, car je suis arrivé aux limites qui séparent le connu de l'inconnu; — ce que je savais, je vous l'ai dit : il est bon que ceux qui survivent puissent connaître la vie plus ou moins intime des hommes qui ont laissé trace dans la science, et que le monde n'est que trop porté à ne considérer que comme *savants*.

Ce qui a fait dans sa famille, et doit faire devant Dieu la personnalité de notre confrère n'est pas mon secret : la main qui écrit une biographie peut allonger plus ou moins l'épitaphe sans soulever la pierre du tombeau...

Pravaz, en mourant, a laissé à ses enfants un établissement prospère, une réputation sans tache (1); — à celle qui fut la compagne de son choix, et, pour ainsi dire, la moitié de sa vie, *dimidium vitæ*, le charme d'un pieux et tendre souvenir qui doit faire sa consolation et sa gloire... — à nous, Messieurs, l'exemple de ses vertus et de ses qualités éminentes; — à l'art de guérir, des travaux si importants, que le moindre aurait suffi pour préserver son nom de l'oubli des siècles : *Vivitur ingenio , cætera mortis erunt...*

(1) L'aîné de ses fils, M. Joanny Pravaz, a débuté avec succès dans la carrière ; reçu, à la suite d'un concours, chirurgien interne des hôpitaux de Lyon, il a remporté le prix annuel que décernent l'administration et les chefs de service. — Puisse la mémoire de son illustre père soutenir ses efforts et lui porter toujours bonheur !...

PUBLICATIONS DE PRAVAZ.

Recherches pour servir à l'histoire de la phthisie laryngée, suivies d'une proposition de mécanique animale. — Thèse présentée et soutenue à la Faculté de médecine de Paris, le 6 avril 1824.

Considérations sur quelques anomalies de la vision. (Extrait des *Archives générales de médecine.*) — Paris, 1827, in-8°, de 28 p.

Méthode nouvelle pour le traitement des déviations de la colonne vertébrale, précédé d'un examen critique des divers moyens employés par les orthopédistes modernes, avec quatre planches lithographiées. — Paris, 1827, in-8° de 217 p.

Mémoire sur l'orthopédie, présenté à l'Académie royale de médecine en 1828. — Paris, in-8° de 28 p.

Note sur l'orthopédie. (Extrait des *Archives générales de médecine.*) — Paris, 1828, in-8° de 18 p.

Mémoire sur les moyens mécaniques propres à prévenir l'absorption des virus, présenté et lu à l'Académie de médecine, le 9 septembre 1828. — Paris, 1828, in-8° de 17 p.

De la Gymnastique appliquée au traitement de quelques maladies constitutionnelles. (*Gazette médicale de Paris*, 1833.)

Bassin. (*Difformités du bassin, considérées sous le rap-*

port orthopédique.) — (*Dictionnaire de médecine*, en 25 vol.) — Tome V, p. 93. — Paris, 1833.

Mémoire sur la somascétique dans ses rapports avec l'orthopédie. — (*Mémoires de l'Académie royale de médecine*, tome III, p. 69.) — Paris, 1834, in-4° de 20 p.

Note sur les anomalies de conformation que présente le bassin chez les sujets affectés de luxation congénitale du fémur. — Lue à la Société de médecine de Lyon, le 11 mai 1835. (*Journal de médecine.*)

Note sur de nouveaux moyens de rétablir la régularité du thorax dans les cas de déviation latérale du rachis. (*Mémoires de l'Académie royale de médecine*, tome IV, p. 201.) — Paris, 1835, in-4° de 16 p. avec planches.

Mémoire sur le traitement des luxations congénitales du fémur, lu à l'Académie royale de médecine, le 7 mars 1835. — Paris, in-8° de 21 p., avec figures.

Gymnastique. (*De l'application de la gymnastique à l'orthopédie.*) — Article du *Dictionnaire de médecine*, en 25 vol. — T 14, p. 472; Paris, 1836.

Mémoire sur l'application de la gymnastique au traitement des affections lymphatiques et nerveuses, et au redressement des difformités, présenté à la Société de médecine de Lyon. — Lyon, in-8° de 64 p.

Rapport sur l'ouvrage de M. Humbert, présenté à la Société de médecine de Lyon, le 22 janvier 1838. — Lyon, in-4° de 27 p.

Orthopédie. — Article du *Dictionnaire de médecine*, t. 22, p. 455. — Paris, 1840.

Mémoire sur l'emploi des bains d'air comprimé, associé à la gymnastique dans le traitement du rachitisme, des affec-

tions strumeuses et des surdités catarrhales. — Extrait du journal *l'Expérience.* — Paris, 1840, in-8° de 67 p.

Mémoire sur l'emploi médical du bain d'air comprimé, présenté à la Société de médecine de Lyon, dans sa séance du 19 juillet 1841. — Lyon, in-8° de 32 p.

De l'influence de la respiration sur la santé et la vigueur de l'homme, et des moyens de favoriser le développement des organes de cette fonction. — Discours de réception prononcé en séance publique, devant l'Académie royale des sciences, belles-lettres et arts de Lyon, le 31 mai 1842. — Lyon, in-8° de 40 p.

Mémoire sur la compression au moyen de l'air condensé, dans les hydarthroses, et sur la possibilité de réduire certaines luxations spontanées de la hanche; lu à la Société de médecine de Lyon, dans la séance du 8 mai 1843.

Mémoire sur la réalité de l'art orthopédique et ses relations nécessaires avec l'organoplastie, lu à la Société de médecine de Lyon, le 26 août 1844. — In-8° de 76 p., avec cinq planches.

Traité théorique et pratique des luxations congénitales du fémur, suivi d'un *Appendice sur la prophylaxie des luxations spontanées.* — Lyon, 1847, in-8° de 289 p., avec atlas.

Essai sur l'emploi médical de l'air comprimé. — Lyon, 1850, in-8° de 377 P.

TITRES SCIENTIFIQUES.

—

Les titres scientifiques de Pravaz furent aussi nombreux qu'honorables ; les voici par ordre chronologique :

I — **1813 à 1815**. — Élève de l'École impériale polytechnique.

II — **1821**. — Bachelier ès-lettres.

III — **1824**. — Docteur en médecine de la Faculté de Paris.

IV — **1826**. — Membre correspondant de la Société médicale du canton de Genève.

V — **1836**. — Membre correspondant de la Société médicale de Dijon.

VI — **1836**. — Membre correspondant de la Société royale d'agriculture, histoire naturelle et arts utiles de Lyon.

VII — **1837**. — Membre correspondant de la Société de médecine de Lyon.

IX — **1841**. — Membre titulaire (*classe des sciences*) de l'Académie royale des sciences, belles-lettres et arts de Lyon.

X — **1842**. — Membre correspondant de la Société médico-chirurgicale de Turin.

XI — 1842. — Membre correspondant de la Société royale de médecine de Marseille.

XII — 1845. — Membre correspondant de la Société de médecine de Besançon.

XIII — 1851. — Membre correspondant de la Société de chirurgie de Paris.

XIV — 1852. — Membre de la Société d'émulation de Lons-le-Saunier.

NOTA.—Ch. Pravaz a été successivement élu Président de la Société royale d'agriculture de Lyon et de l'Académie royale des sciences de la même ville.

DISCOURS

PRONONCÉ PAR M. LE BARON DE POLINIÈRE,

Président de l'Association des Médecins du Rhône,

AUX OBSÈQUES DE PRAVAZ.

La dépouille mortelle que nous entourons de nos pieux hommages et de notre profonde douleur, est celle d'un homme de bien, d'un savant, d'un confrère chéri de nous tous.

Élève brillant de l'École polytechnique, M. Pravaz était appelé à servir son pays dans une de ses armes spéciales; mais, cédant à son goût prononcé pour la science médicale, il s'y livra tout entier et ne tarda pas à se montrer digne de porter le titre de docteur en médecine, auquel il attachait tant de prix!

Parlerons-nous, sur le bord de cette tombe, des travaux, des découvertes, des applications ingénieuses qui feront vivre à jamais le nom de celui que la mort vient de nous ravir?

Rappellerons-nous que les premières guérisons de luxation congénitale du fémur sont dûes au génie inventif et à la sagacité persévérante de M. Pravaz?

Dirons-nous qu'il avait indiqué et démontré le moyen de guérir les anévrismes par la coagulation du sang?

Signalerons-nous les nombreux perfectionnements que sa haute raison et son esprit essentiellement physiologique ont introduits dans l'emploi des bains d'air comprimé, et dans les diverses méthodes de l'orthopédie qu'il a véritablement régénérée?

Un tel examen ne saurait trouver place en ce moment et en ce lieu.

Les titres scientifiques et les belles publications de M. Pravaz sont d'une si grande importance et d'une valeur si précieuse, qu'ils demandent le calme de la réflexion et des développements que notre émotion nous interdit.

Honoré de ses concitoyens par l'élévation de ses sentiments, par son austère probité, par la supériorité de ses talents, le docteur Pravaz était une des lumières de nos réunions scientifiques, où sa parole consciencieuse exerçait un rare ascendant.

Membre de presque toutes les sociétés savantes nationales et étrangères, correspondant de l'Académie impériale de Médecine, il a occupé, avec une distinction marquée, le fauteuil de la présidence de l'Académie impériale des Sciences, Belles-Lettres et Arts et de la Société d'Agriculture de Lyon.

Sa vie laborieuse et ses habitudes nous donnaient la preuve que la culture des sciences exactes et physiques, que l'étude des sciences naturelles et la pratique de la médecine s'allient, dans les âmes bien nées, aux vertus chrétiennes et à la foi religieuse la plus sincère. On recherchait l'estime d'un homme doué de ce noble caractère, on était heureux de l'obtenir. Qui de nous n'a pas été à même d'apprécier la prudence et les bons conseils de ce confrère si dévoué à ses amis et si fidèle aux lois de l'amitié ?

Encore dans la force de l'âge, M. Pravaz, au milieu de sa nombreuse et intéressante famille dont il était adoré, recueillait les fruits de ses labeurs et enrichissait, chaque jour, l'art de guérir par de nouveaux services.

Une cruelle maladie devait, hélas ! briser cette existence si utile à l'humanité. Notre confrère bien-aimé a rendu à Dieu son âme pure et laisse dans nos cœurs le souvenir impérissable de ses vertus.

Adieu ! excellent confrère ! Adieu !...

www.ingramcontent.com/pod-product-compliance
Ingram Content Group UK Ltd.
Pitfield, Milton Keynes, MK11 3LW, UK
UKHW031949260826
14628UKWH00004B/1955

9 782011 761354